SANDRA LOPES MONTEIRO

SÉRIE LÍNGUA PORTUGUESA EM FOCO

DIALÓGICA

O selo DIALÓGICA da Editora InterSaberes faz referência às publicações que privilegiam uma linguagem na qual o autor dialoga com o leitor por meio de recursos textuais e visuais, o que torna o conteúdo muito mais dinâmico. São livros que criam um ambiente de interação com o leitor – seu universo cultural, social e de elaboração de conhecimentos –, possibilitando um real processo de interlocução para que a comunicação se efetive.

Fundamentos teóricos da linguística

Dados Internacionais de Catalogação na Publicação (CIP)
(Câmara Brasileira do Livro, SP, Brasil)

Monteiro, Sandra Lopes

    Fundamentos teóricos da linguística/Sandra Lopes Monteiro. Curitiba: InterSaberes, 2017. (Série Língua Portuguesa em Foco)

    Bibliografia.
    ISBN 978-85-5972-416-5

    1. Linguística 2. Linguística – Teoria 3. Linguística aplicada I. Título II. Série.

17-04215   CDD-410

Índices para catálogo sistemático:

1. Linguística   410

Rua Clara Vendramin, 58 • Mossunguê • CEP 81200-170 • Curitiba • PR • Brasil
Fone: (41) 2106-4170 • www.intersaberes.com • editora@editoraintersaberes.com.br

Dr. Ivo José Both (presidente); Dr.ª Elena Godoy; Dr. Nelson Luís Dias, Dr. Neri dos Santos e Dr. Ulf Gregor Baranow • conselho editorial	Camila Rosa • preparação de originais
	Denis Kaio Tanaami • capa
	Raphael Bernadelli • projeto gráfico
	LAB Prodigital • diagramação
Lindsay Azambuja • editor-chefe	Regina Claudia Cruz Prestes • iconografia
Ariadne Nunes Wenger • editor-assistente	

1ª edição, 2017.

Foi feito o depósito legal.

Informamos que é de inteira responsabilidade da autora a emissão de conceitos.

Nenhuma parte desta publicação poderá ser reproduzida por qualquer meio ou forma sem a prévia autorização da Editora InterSaberes.

A violação dos direitos autorais é crime estabelecido na Lei n. 9.610/1998 e punido pelo art. 184 do Código Penal.

sumário

apresentação, vii

organização didático-pedagógica, x

- # um   A linguística no século XX: uma ruptura em relação aos estudos linguísticos do século XIX, 13
- # dois   Correntes teóricas da linguística atual, 39
- # três   Linguística textual, 73
- # quatro   Teoria do discurso, 113
- # cinco   Leitura compreensiva, 139
- # seis   Linguística aplicada, 171

considerações finais, 193

referências, 197

bibliografia comentada, 211

respostas, 215

sobre a autora, 217

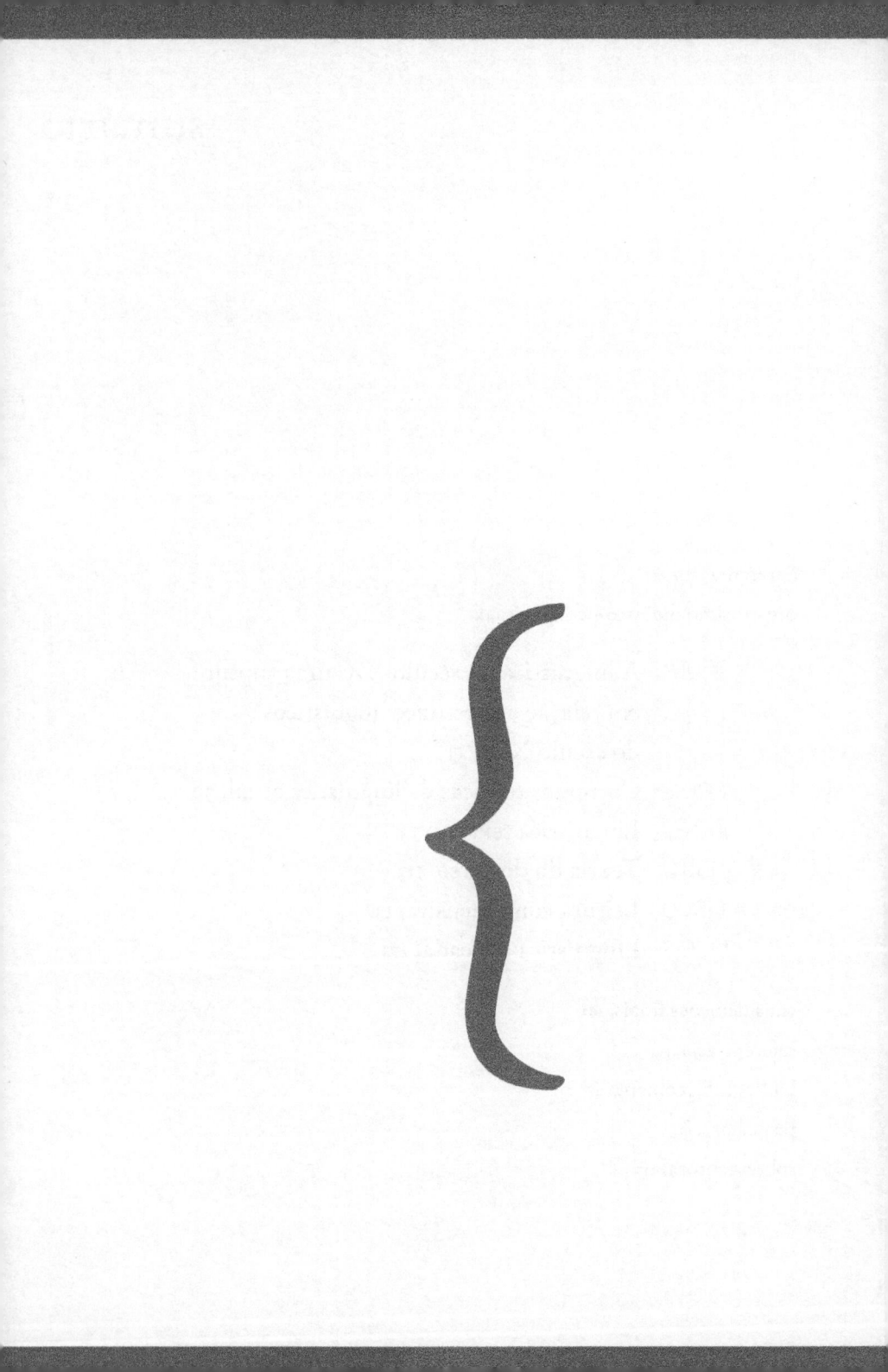

apresentação

A LINGUÍSTICA APLICADA (LA), questionada pelos linguistas da fonética, da semântica, da pragmática etc. por reivindicar para si o *status* de ciência, tem prestado expressiva contribuição no âmbito do estudo da linguagem. Desde a década de 1940, a LA tem passado por transformações e amadurecimentos, com enfoques diferenciados a cada decênio e definição de etapas essenciais para a formação dos linguistas que contribuem de maneira significativa para o ensino-aprendizagem das línguas materna e estrangeira.

Para compreender a abordagem de pesquisa da LA e, assim, explicitar o lugar desse campo de pesquisa nos estudos multi e transdisciplinares do conhecimento humano, uma vez que essa área de estudo se vale das teorias existentes para alimentar a prática docente, é necessário conhecer a sua história com mais de 60 anos de contribuições teórico-práticas.

Considerando essa necessidade, este livro veicula os principais fundamentos teóricos da linguística com o objetivo de subsidiar o estudo da LA. Para tanto, apresenta a abordagem e o desenvolvimento de diferentes correntes linguísticas ao longo do tempo, bem como os fundamentos teóricos dessa área de estudo, com destaque ao modo como a teoria alimenta a prática.

No **Capítulo 1**, discutiremos as principais vertentes de estudos da linguística, seus teóricos e as pesquisas em consonância com o momento em que se inserem. No **Capítulo 2**, apresentaremos uma visão descritiva das estruturas da língua e as descobertas linguísticas aplicadas à prática docente. Em seguida, no **Capítulo 3**, exporemos a evolução e a posição de diferentes estudiosos dessa área de conhecimento. No **Capítulo 4**, abordaremos aspectos relacionados ao estudo do discurso na visão da análise do discurso. No **Capítulo 5**, discutiremos os diferentes conhecimentos implicados para o sucesso de uma boa leitura. Por fim, no **Capítulo 6**, apresentaremos, em linhas gerais, alguns conceitos atribuídos à LA, de forma a contribuir para o seu percurso acadêmico ou, mais amplamente, a sua atuação na área do ensino.

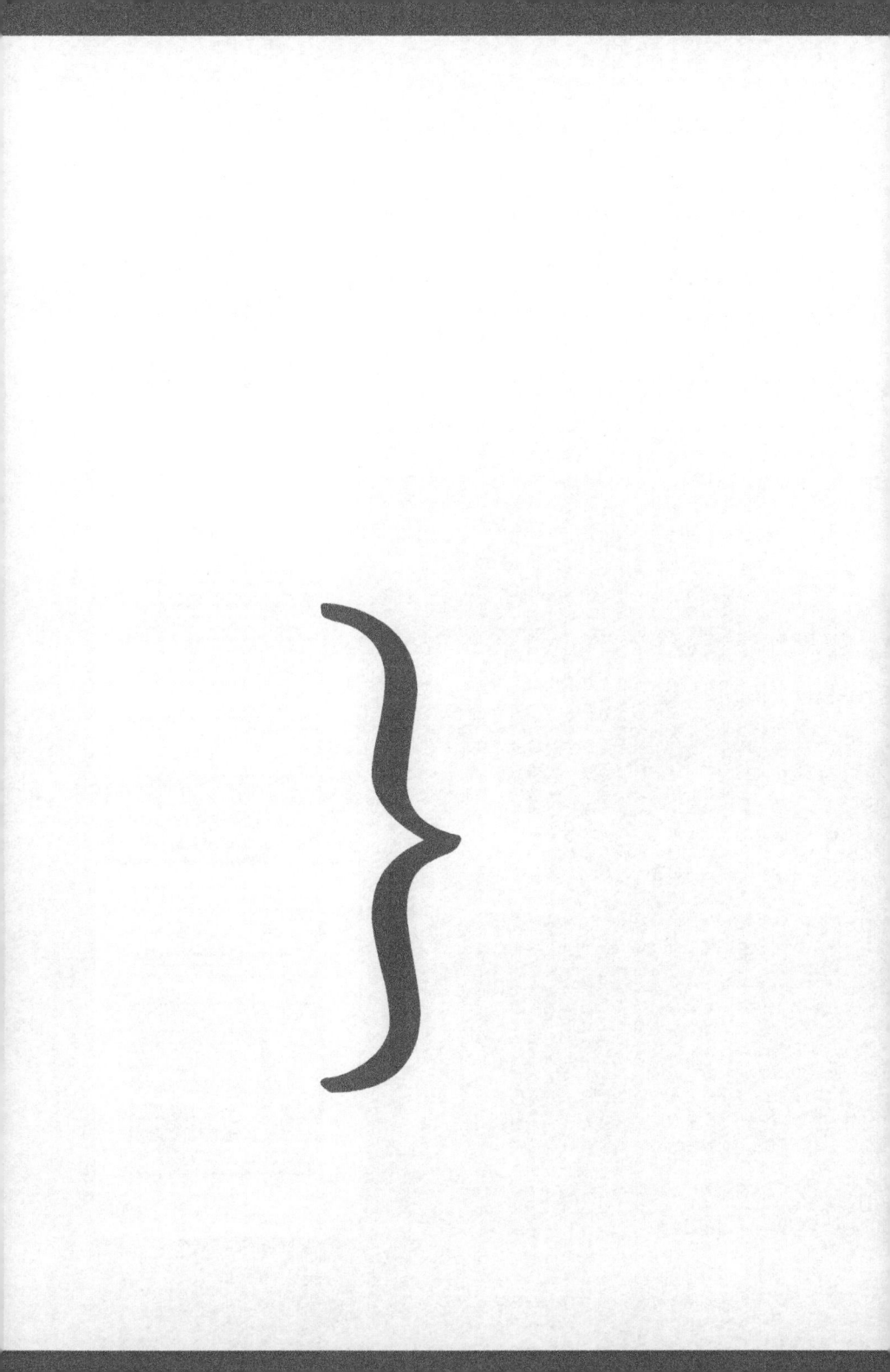

organização didático-pedagógica

Esta seção tem a finalidade de apresentar os recursos de aprendizagem utilizados no decorrer da obra, de modo a evidenciar os aspectos didático-pedagógicos que nortearam o planejamento do material e o modo como o leitor pode tirar o melhor proveito dos conteúdos para seu aprendizado.

Logo na abertura do capítulo, você é informado a respeito dos conteúdos que nele serão abordados, bem como dos objetivos que a autora pretende alcançar.

Nesta seção, você confere informações complementares a respeito do assunto que está sendo tratado história (estudo diacrônico) de todas as línguas e estabelecer leis gerais com base na diversidade das línguas".

Pode-se dizer que, se por um lado a revolução saussuriana constituiu uma ruptura com a tradição histórica em virtude da relevância que o linguista passou a atribuir à descrição sincrônica, por outro, as pesquisas dessa área definiram a língua como um objeto fundamentalmente inscrito em uma sociedade e, portanto, necessariamente submetido a questões históricas**. Conforme as pesquisas de Saussure avançaram, o teórico tratou de temas e conceitos estabelecidos por ele, englobando da fala à língua, da diacronia à sincronia, do significante ao significado.

> **Para saber mais**
>
> Entre as diversas publicações que tratam das contribuições de Saussure para o início dos estudos da linguística, sugerimos o texto a seguir como leitura complementar:
>
> SANTOS, V. Língua portuguesa. Mas que língua é essa? Disponível em: <http://www.oocities.org/br/jjsar71/textos1.htm>. Acesso em: 24 abr. 2013.

Você pode consultar as obras indicadas nesta seção para aprofundar sua aprendizagem.

• Uma organização textual – Todo gênero de discurso precisa de uma organização textual que está a cargo da linguística textual. Quando dominamos um gênero, conhecemos a estrutura específica de texto, o jargão a ser utilizado. Podemos dominar vários gêneros produzindo. Por exemplo, as anotações de síntese, a resenha crítica ou o editorial.

As considerações feitas aqui pressupõem o desenvolvimento da capacidade comunicativa do indivíduo na interação com o outro, na leitura, na produção de textos orais e escritos etc. Fica claro que o maior conhecimento e domínio das estruturas de gêneros e tipos discursivos podem garantir um menor ruído na comunicação social.

Síntese

A análise do discurso surgiu com os formalistas russos e seguiu com os estruturalistas, que propuseram o estudo da estrutura do texto, ou seja, o texto analisado em si. Trata-se da análise da articulação do texto e do lugar social no qual o discurso é produzido.

A análise do discurso de linha americana é vista como uma extensão da linguística, em que frase e texto compartilham a mesma estrutura. A análise de discurso de linha europeia (ou de linha francesa), por sua vez, vê o texto em seu contexto de produção há uma preocupação com a relação entre o dizer e as condições de produção desse dizer.

Você conta, nesta seção, com um recurso que o instigará a fazer uma reflexão sobre os conteúdos estudados, de modo a contribuir para que as conclusões a que você chegou sejam reafirmadas ou redefinidas.

Com a análise do discurso, conclui-se que todo texto pertence a uma categoria, a um gênero de discurso, por exemplo: uma conversa, um manual, um jornal, uma tragédia, um *reality show*, um editorial. Alguns autores empregam indiferentemente gênero e tipo de discurso, mas a tendência dominante é a de distingui-los: os gêneros de discurso como pertencentes a diversos tipos de discurso associados a vastos setores de atividade social.

Atividades de autoavaliação

1. Por que uma determinada palavra varia de sentido conforme a situação em que ela é empregada?
   a. Porque para se atribuir o sentido de uma palavra não é necessário analisar o contexto em que ela está inserida.
   b. Porque é a interpretação pessoal que determina o sentido da palavra.
   c. Porque é o contexto que determina o sentido da palavra.
   d. Porque as palavras são ambíguas.
   e. Porque as palavras são marcadas por um único sentido.

2. Por que interpretamos determinados textos de uma forma e não de outra?
   a. Por causa das condições de produção (padrões sociais e morais, contexto histórico e contexto social).
   b. Em virtude do funcionamento da língua.
   c. Em razão da dubiedade do texto.
   d. Em decorrência dos padrões morais do sujeito.
   e. Por causa das relações de poder do sujeito.

Com estas questões objetivas, você tem a oportunidade de verificar o grau de assimilação dos conceitos examinados, motivando-se a progredir em seus estudos e a se preparar para outras atividades avaliativas.

Aqui você dispõe de questões cujo objetivo é levá-lo a analisar criticamente determinado assunto e aproximar conhecimentos teóricos e práticos.

Nesta seção, você encontra comentários acerca de algumas obras de referência para o estudo dos temas examinados.

# um	A linguística no século XX: uma ruptura em relação aos estudos linguísticos do século XIX
dois	Correntes teóricas da linguística atual
três	Linguística textual
quatro	Teoria do discurso
cinco	Leitura compreensiva
seis	Linguística aplicada

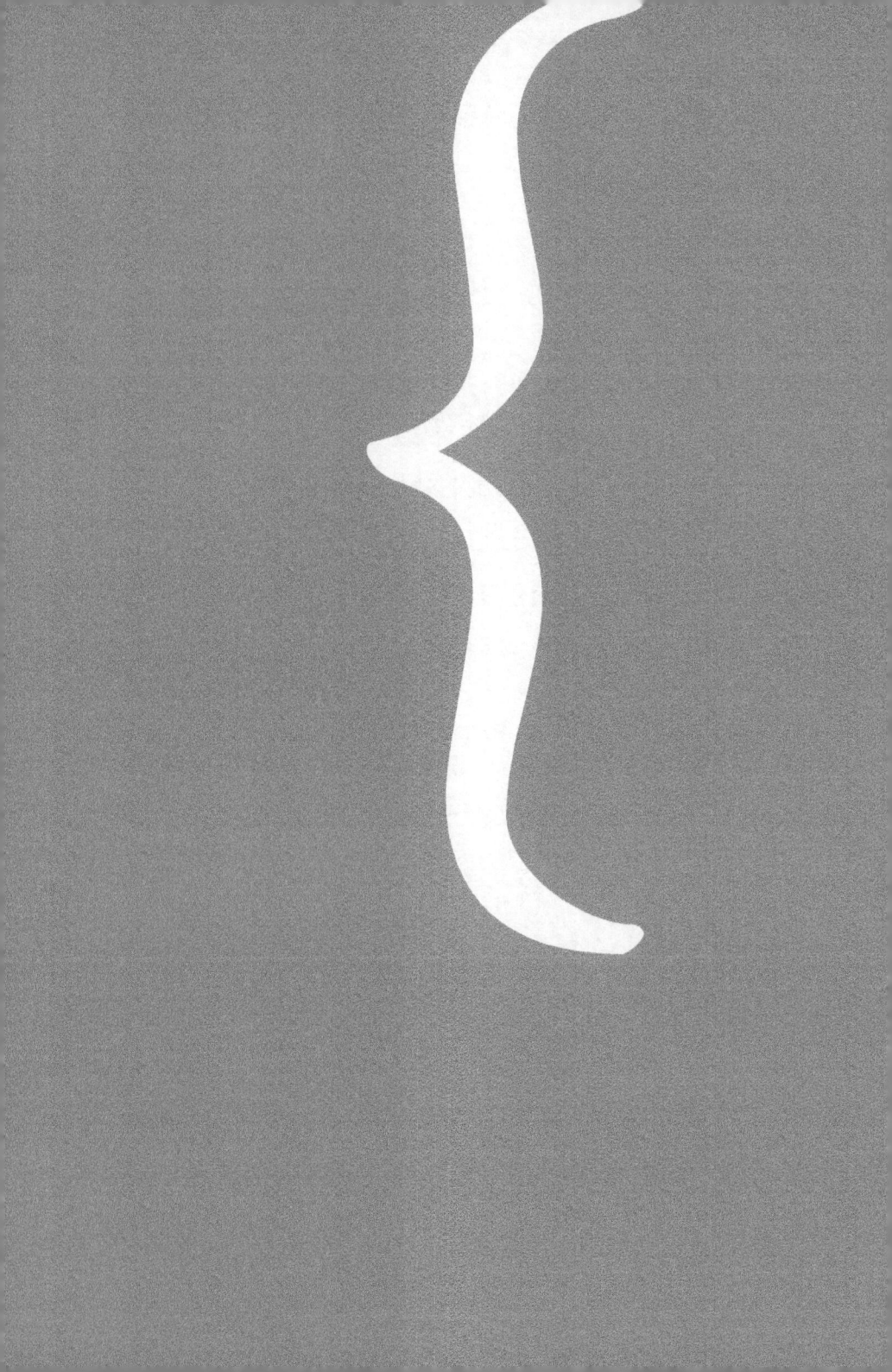

> *O nosso século [...] é o da linguagem, pois é*
> *realmente aqui que ela surge em primeiro plano.*
> Julia Kristeva, 1999.

❰ COMO NÃO SE dissocia sociedade de linguagem, visto que o ser humano se organiza fundamentalmente em torno dos indivíduos, da língua falada por eles e da comunicação estabelecida, abordaremos neste capítulo temas básicos que refletem a forma como a sociedade, detentora de um sistema de organização, se constitui.

Conhecer as origens da linguística é preparar-se para compreender os atuais avanços e desdobramentos dessa ciência que tem como objeto de estudo a linguagem. Assim, a estrutura deste capítulo reflete uma organização cronológica dos fatos linguísticos, e os tópicos tratados a seguir abordam os estudos da linguística em consonância com o momento no qual os teóricos da área e suas pesquisas estão inseridos. Isso porque foi a partir do século XX que a linguagem passou a ser um dos assuntos de maior importância, surgindo vários estudiosos que se debruçaram especificamente sobre ela.

umpontoum
Saussure, o pai da linguística moderna

A **linguística**, estudo científico da língua verbal humana, tem um papel muito importante nas ciências humanas. Em primeiro lugar, porque não há sociedade sem linguagem. Em razão disso, ciências humanas como a linguística, a lógica e a semiótica* se dedicam a estudar todos os signos e linguagens possíveis**. Em segundo lugar, há a teoria de Roland Barthes, a qual defende que todos os fenômenos humanos são semióticos e, portanto, linguísticos, invertendo a teoria de Ferdinand de Saussure (1857-1913) acerca da relação entre linguística e semiótica. Em terceiro lugar, como base de todos os fenômenos sociais, a sociedade é encarada como assentada nos fenômenos da linguagem e da comunicação***.

---

* A semiótica tem como objeto de estudo a vida dos signos no seio da vida social, ou seja, é a teoria geral dos modos de significar.

** "A **linguagem** é a capacidade específica à espécie humana de se comunicar por meio de um sistema de signos vocais (ou língua), que coloca em jogo uma técnica corporal complexa e supõe a existência de uma função simbólica e de centros nervosos geneticamente especializados" (Dubois et al., 1993, p. 387).

*** Considerando a comunicação como uma "troca verbal entre um falante, que produz um enunciado destinado a outro falante, o interlocutor, de quem ele solicita escuta e/ou resposta" (Dubois, citado por Silva, S. D. J., 2007, p. 2).

Saussure é considerado a figura mais importante da linguística moderna, sobretudo no contexto europeu, uma vez que seus estudos são os precursores dessa linha de pesquisa. O pesquisador francês desenvolveu suas reflexões sobre teorias linguísticas na École des Hautes Études en Sciences Sociales (EHESS), em Paris, e na Universidade de Genebra.  Ele é ao mesmo tempo um dos continuadores da tradição histórica de pesquisa linguística e um dos precursores da linguística moderna. Antes de Saussure, havia uma confusão muito grande quanto à terminologia linguística, de forma que os linguistas tratavam ora de coisas distintas pelo mesmo nome, ora de um mesmo objeto por nomenclaturas diferentes. A **terminologia era imprecisa e subjetiva**. Por isso, a primeira tarefa de Saussure foi criar um **padrão linguístico** para seus estudos. Para o francês, a linguística não se preocupara "em determinar a natureza do seu objeto de estudo. [...] sem essa operação elementar, uma ciência é incapaz de estabelecer um método para si própria" (Saussure, 2006, p. 10).

> A obra *Curso de linguística geral* (2006), que aborda as reflexões de Saussure relativas à linguística moderna, foi escrita por quem?

Essa obra, referência para os estudos de linguística, não foi escrita por Saussure, mas por dois dos seus discípulos, **Charles Bally** (1865-1947) e **Albert Sechehaye** (1870-1946), com base nas anotações por eles realizadas durante os três cursos sobre linguística geral ministrados por Saussure na Universidade de Genebra, nos anos de 1906 a 1911.

Curso de linguística geral, obra fundadora dos estudos da linguística moderna, foi publicada pela primeira vez em 1916. Para a produção do livro, Bally e Sechehaye utilizaram todos os materiais de que dispunham, inclusive as anotações pessoais de Saussure.

Para saber mais

Além das anotações dos discípulos de Saussure e de textos escritos por eles mesmos, Fiorin, Flores e Barbisan (2013), na obra *Saussure: a invenção da linguística*, apontam como novas fontes de estudo do autor a edição crítica de Rudolf Engler e a tese de doutorado de Robert Godel.

FIORIN, J. L.; FLORES, V. do N.; BARBISAN, L. B. (Org.). Saussure: a invenção da linguística. São Paulo: Contexto, 2013.

> ENGLER, R. Cours de linguistique générale. Wiesbaden: Otto Harrassowitz, 1968.
>
> GODEL, R. Les sources manuscrites du cours de linguistique générale de F. de Saussure. 2. ed. Genebra: Librairie Droz S. A., 1969

Com as pesquisas desenvolvidas por Saussure, houve uma ruptura em relação aos estudos realizados no século XIX* e o que começou a ser enfocado no século XX. Essa ruptura, atribuída a Saussure, responde, de forma satisfatória, à seguinte questão: O que é a linguagem enquanto objeto científico?

No *Curso de linguística geral* (2006), é apresentada a distinção que Saussure faz entre linguagem, língua e fala. A linguagem é própria da humanidade e todos os indivíduos dispõem

---

* Segundo o *Dicionário de linguística*, desde a Antiguidade, os homens se interessaram pela linguagem e chegaram a observações e explicações importantes. "Desde a Antiguidade, aparecem três preocupações principais que dão origem a três tipos de estudos. A preocupação religiosa de uma interpretação correta dos textos antigos, textos revelados ou depositários dos ritos que colocam em evidência a evolução da língua e, laicizando-se, dá origem à filologia. A valorização do texto antigo, sagrado ou respeitável, faz de toda evolução uma corrupção e desenvolve uma resistência à mudança. Daí a aparição de uma atitude normativa, que se imobiliza, na ocasião, em purismo. Paralelamente, nas grandes épocas da filosofia, a linguagem é aprendida como instituição humana e seu estudo integra-se à filosofia. Podem-se reconhecer, ao longo da história da gramática, esses três pontos de vista, mais ou menos desenvolvidos conforme as épocas. O resultado dessas pesquisas é considerável: formação das noções de frase, sujeito, objeto, partes do discurso, descoberta das relações de parentesco entre as línguas etc.; e a linguística atual trabalha sobre essa conquista. Considerável é também a difusão de certas ideias sobre a linguagem, vindas direta ou indiretamente do idealismo platônico (a língua representa o pensamento, que existe, portanto, fora de toda realização), ideias cuja origem uma linguística científica deve encontrar, pelo menos para poder utilizá-las ou contestá-las" (Dubois et al., 1993, p. 390).

dessa capacidade; a **língua**, por sua vez, é própria de uma sociedade, é social e varia de sociedade para sociedade; já a **fala** é individual. Ou seja, todas as sociedades humanas (e hoje essa concepção é extensiva às sociedades não humanas) dispõem de um meio de comunicação articulado que é a linguagem*, mas utilizam-se de línguas diferentes. A comunicação é concretizada por meio da linguagem, mas, de acordo com a sociedade ou o país em que o indivíduo estiver inserido, a língua pode ser diferente: se estiver na França, por exemplo, utilizará principalmente o francês; na Polônia, o polonês; no Brasil, o português brasileiro. E, dentro de um país como Brasil, a língua terá peculiaridades diferentes se o falante for proveniente, por exemplo, do Amazonas, do Rio Grande do Sul ou de Minas Gerais.

1.1.1 A linguística segundo Saussure

A linguística, considerada por Saussure (2006) uma nova disciplina, distingue-se da gramática normativa, que estabelece normas e regras para o uso da língua e define, por exemplo, o que é sujeito, verbo, concordância nominal e verbal. Saussure concebe a linguística como ciência e, portanto, os estudos realizados por ela são de cunho **descritivo**.

Para definir a linguagem como objeto de estudo científico, é necessário:

---

* A linguagem pode ser humana ou não e se encontra relacionada aos outros sistemas simbólicos (código Morse, sinais marítimos etc.).

1. delimitar o objeto de estudo da linguística (a língua);
2. elaborar conceitos de análise (por exemplo, "A linguística é uma ciência descritiva e visa estudar todas as línguas, em todas as épocas e formas de expressão"); e
3. elaborar métodos próprios de análise.

Com base nesses critérios, fica claro para o teórico francês que a gramática normativa, fundamentada na lógica das categorias do pensamento, não pode ser uma disciplina científica, visto que estabelece leis e produz regras com o objetivo de distinguir as formas corretas das incorretas, ao passo que a linguística busca a compreensão, observa os fatos, estuda e descreve o funcionamento do sistema da língua.

Ao lado da distinção entre o que é a gramática tradicional e o que é a linguística, Saussure (2006) parte para a distinção entre linguística e filologia histórico-comparativa*. Para ele, a filologia estuda os textos, mas deixa de lado a língua viva, falada em uma comunidade linguística, o que concorre para a depreciação da oralidade. Essa depreciação é também praticada pela gramática normativa, que faz da imitação dos bons escritores a regra do bem escrever e do bem falar. Por esses motivos, a **linguística estrutural** defende o primado da língua falada, baseando-se nos seguintes argumentos: a) a fala é mais antiga e mais difundida do que a escrita e b) os sistemas de escrita conhecidos são fundados com base nas unidades da língua falada. Dessa forma, Saussure

---

* "A filologia é uma ciência histórica que tem por objeto o conhecimento das civilizações passadas através dos documentos escritos que elas nos deixaram: estes nos permitem compreender e explicar as sociedades antigas." (Dubois et al., 1993, p. 278, grifo nosso).

afasta a gramática tradicional e a filologia (na sua versão histórico-comparativa) da linguística.

1.1.2 Definição do objeto de estudo da linguística

Saussure, considerado o criador da ciência da linguagem, critica o caráter redutor das concepções de linguagem anteriores aos seus estudos e atribui à linguística um dos campos mais vastos de pesquisa: o estudo de todas as manifestações da linguagem humana, inclusive das línguas mortas.

A linguagem é entendida pelos linguistas como habilidade e capacidade próprias dos indivíduos de se comunicarem por meio de línguas. Todavia, o fato de a linguística apresentar diferentes escolas teóricas que compreendem o fenômeno da linguagem de maneiras distintas reflete a necessidade de se levar em conta um conjunto de características relacionadas à linguagem humana, tais como:

+ uma técnica articulatória complexa;
+ uma base neurobiológica composta de centros nervosos que são utilizados na comunicação verbal;
+ uma base cognitiva que rege as relações entre indivíduo e sociedade.

Sendo a **língua** seu principal objeto de pesquisa, Saussure reconstrói o sistema formal de uma determinada língua (o objeto) a partir da massa dos fatos linguísticos (a matéria). Assim, cabe à linguística fazer a descrição (estudo sincrônico), pesquisar a história (estudo diacrônico) de todas as línguas e estabelecer leis gerais com base na diversidade das línguas*.

Pode-se dizer que, se por um lado a revolução saussuriana constituiu uma ruptura com a tradição histórica em virtude da relevância que o linguista passou a atribuir à descrição sincrônica, por outro, as pesquisas dessa área definiram a língua como um objeto fundamentalmente inscrito em uma sociedade e, portanto, necessariamente submetido a questões históricas**. Conforme as pesquisas de Saussure avançaram, o teórico tratou de temas e conceitos estabelecidos por ele, englobando da fala à língua, da diacronia à sincronia, do significante ao significado.

> ## Para saber mais
> Entre as diversas publicações que tratam das contribuições de Saussure para o início dos estudos da linguística, sugerimos o texto a seguir como leitura complementar:
>
> SANTOS, V. Língua portuguesa. Mas que língua é essa? Disponível em: <http://www.oocities.org/br/jfpaz71/texto12.htm>. Acesso em: 24 abr. 2017.

---

* As línguas são sistemas de signos regidos pelo princípio da **arbitrariedade** – ou seja, não há uma razão para que um significante (som) esteja associado a um significado (conceito). Isso explica o fato de cada língua utilizar significantes diferentes para um mesmo significado.

** Aqui já vemos, ainda de maneira muito tênue, começar a se delinear o que viria a ser a análise do discurso.

Fixando conceitos

Após a leitura das seções anteriores, recomendamos o seguinte texto:

CARVALHO, C. de. **Saussure e a língua portuguesa**. Disponível em: <http://www.filologia.org.br/viisenefil/09.htm>. Acesso em: 24 abr. 2017.

Essa leitura pode ser complementada pela seguinte obra:

FIORIN, J. L.; FLORES, V. do N.; BARBISAN, L. B. (Org.). **Saussure: a invenção da linguística**. São Paulo: Contexto, 2013.

Da obra de Fiorin, Flores e Barbisan, destacamos os capítulos: "A contribuição de Ferdinand de Saussure para a compreensão do signo linguístico" (p. 135-147), de Mônica Nóbrega e Raquel Basílio; "Uma contradição aparente em Saussure: o problema da relação língua-história" (p. 33-44), de Márcio Alexandre Cruz; e "O lugar do conceito de fala na produção de Saussure" (p. 45-57), de Eliane Silveira.

Concluída a leitura dos textos sugeridos, faça algumas anotações pessoais tendo como orientação das suas reflexões a seguinte questão: O que faz de Saussure o continuador da tradição histórica e o precursor da linguística moderna? Para facilitar a sua leitura, orientado pelo questionamento anterior, siga o *passo a passo* do fichamento sugerido a seguir:

1. questão que norteia a reflexão;
2. autor e título do texto;

> 3. bibliografia e data;
> 4. resumo objetivo do texto;
> 5. tópicos selecionados para a reflexão;
> 6. anotações/reflexões pessoais.

umpontodois
Dicotomia das dimensões teóricas

Traremos, a seguir, as noções gerais dos conceitos dicotômicos fundamentais – sincronia e diacronia, língua e fala, signo e valor – criados por Saussure para auxiliar os estudos linguísticos.

1.2.1 Sincronia × diacronia

Sincronia designa um estado da língua, considerado com base em seu funcionamento em um dado momento do tempo. Em outras palavras, "A sincronia é o eixo das simultaneidades, no qual devem ser estudadas as relações entre os fatos existentes ao mesmo tempo num determinado momento do sistema linguístico, que pode ser tanto no presente quanto no passado." (Carvalho, 2017).

Por exemplo, pode-se fazer uma descrição, um estudo sincrônico do português, desde que o objeto de estudo se situe num momento do passado e não leve em consideração a evolução da língua portuguesa. Contudo, diante do distanciamento no tempo, o pesquisador não consegue verificar as hipóteses levantadas, pois não será possível submetê-las ao julgamento dos locutores nativos daquela época.

Já a **diacronia** designa uma fase da evolução da língua e encontra-se no eixo das sucessividades: "o linguista tem por objeto de estudo a relação entre um determinado fato e outros anteriores ou posteriores, que o precederam ou lhe sucederam." (Carvalho, 2017). Num estudo diacrônico, constatam-se as mudanças ocorridas na língua, as quais são posteriormente localizadas no tempo. Por exemplo, se tomarmos para estudo o fonema, devemos primeiro focalizar todas as mudanças pelas quais ele passou – ou seja, é preciso realizar uma abordagem histórica –, para depois analisar o seu funcionamento em cada momento específico.

Saussure, e mais tarde a linguística estrutural, atribuiu o primado do ponto de vista sincrônico, visando romper com a tradição da gramática comparada que entende a comparação entre as línguas como um meio de reconstituir o passado. Para Saussure, o estudo comparado das línguas ameaça o processo de cientificidade da linguística em prol de uma pesquisa empírica: os falantes de uma língua podem aprender e aplicar as "regras" de outra língua ainda que ignorem toda a história dela.

Saussure ilustrou a oposição sincronia × diacronia utilizando a ideia de um jogo de xadrez:

> *Durante uma prática de xadrez, a disposição das peças se modifica a cada lance, mas a cada lance a disposição pode ser inteiramente descrita a partir da posição em que se encontra cada peça. Pela conduta do jogo, num momento dado, pouco*

importa saber quais foram os lances jogados anteriormente, em que ordem eles se sucederam: o estado particular da partida, a disposição das peças podem ser descritos sincronicamente, isto é, sem nenhuma referência aos lances precedentes. Se seguirmos F. de Saussure, o mesmo ocorrerá para as línguas; elas se modificam constantemente, mas poderemos explicar o estado em que elas se encontram num momento dado. (Dubois et al., 1993, p. 553, grifo do original)

Para Saussure (2006, p. 16), "A cada instante, a linguagem implica ao mesmo tempo um sistema estabelecido e uma evolução: a cada instante, ela é uma instituição atual e um produto do passado". Como Saussure coloca, há sempre dois olhares possíveis sobre a língua que não se excluem: o sincrônico e o diacrônico. É possível, por exemplo, estudar a língua sincronicamente, deixando de lado as formas anteriores, a fim de explicar um fato linguístico no momento em que ele ocorre. Essa é a forma privilegiada pelo estruturalismo para observação da língua em funcionamento. Também é possível estudá-la empregando ao mesmo tempo ambos os conceitos ou utilizando-os de forma complementar.

A dualidade entre o sistema estabelecido e a evolução constitui a primeira etapa e a primeira dificuldade em direção à delimitação do objeto ao mesmo tempo integral e concreto da linguística.

1.2.2 Língua × fala

Todo ser humano utiliza a linguagem para se comunicar em sociedade e, portanto, é capaz de proferir e compreender enunciados.

Para Saussure (2006, p. 33), "a linguagem serve o pensamento e só por ele existe".

Um dos aspectos mais problemáticos da teoria saussuriana é separar **língua e linguagem** e, sobretudo, opor **língua e fala**. A linguagem não é objeto de uma disciplina única, uma vez que compreende fatos de toda natureza. A linguagem é uma faculdade, ao passo que a língua, segundo Saussure, é um conceito social, uma convenção adotada por uma comunidade linguística. Para ele, o conceito de *língua* é considerado fundamental na análise linguística.

A **língua**, para Saussure, é um objeto social, um conjunto sistemático de convenções indispensáveis à comunicação. Usar a fala a fim de estabelecer a comunicação entre indivíduos pode se constituir em uma capacidade incompreensível caso não seja levado em consideração o fato de que os seres, quando falam, ainda que tenham em comum um sistema de associação e de coordenação de sons e sentido, podem proferir um ato comunicativo frustrado em virtude das diferenças regionais, familiares, individuais etc.

Assim, como podemos extrair de Carvalho (2017), a **fala** é um fato pessoal, individual. É a concretização, a exteriorização que cada um de nós faz, nas mais diversas situações, da língua que domina. Por exemplo, não se fala da mesma maneira com os amigos e com alguém que constrange o enunciador. Nas duas situações se fala a mesma língua, mas não da mesma maneira.

Separar a língua da fala é o mesmo que separar o social do individual, o essencial do contingente, o virtual do realizável. O domínio da fala é o da liberdade, da escolha, da criação, visto que as combinações dos signos linguísticos dependem da vontade dos locutores.

Para Saussure (2006), a língua, vista como sistema gramatical e lexical, existe virtualmente em cada cérebro e cabe à fala atualizar essa virtualidade. A distinção entre a língua como forma e a fala como atualização de sequência de sons contendo sentido se constitui como uma definição prévia da **língua como sistema de signos e valores**. Assim, ao estabelecer que a língua é distinta da fala, Saussure garante a autonomia da linguística.

1.2.3 Signo × valor

Considerando que Saussure (2006) define a língua como **sistema de signos**, para explicitar a indissociabilidade das noções de *signo* e *sistema*, é necessário examinar a estrutura do signo.

O **signo linguístico** é artificial, e não natural. Por exemplo, em uma situação na qual se afirme que, durante o inverno, o céu limpo e azul pela manhã é sinal de que houve geada ou, pelo menos, indício de geada, entende-se que o signo linguístico – a geada – é o mesmo que indício, sinal etc. Esses sinais ou signos linguísticos são inerentes à linguagem verbal. Não se pode isolar a definição de *signo* – por exemplo, a representação imagética de *mesa* – da de *significante* – a sequência sonora de *mesa*.

Além dessa não dissociação, é importante destacar o **princípio de arbitrariedade** que prevalece entre esses dois conceitos. Saussure (2006) reinterpreta o conceito de *arbitrariedade*, defendendo que o signo linguístico passa a ser o resultado da associação arbitrária entre significante e significado. Para o teórico, um signo, assim como uma moeda, tem duas faces, ou seja, contém um significado (a imagem mental) e um significante (a imagem acústica). Essas definições embasaram os estudos linguísticos contemporâneos.

> Saussure (2006) marca a autonomia da língua como sistema formal em relação ao que chama de *substâncias*: os sons e as ideias. Partindo dessa ótica, compreende-se a rejeição pela linguística saussuriana da noção de *referente*: o objeto que o signo nomeia.

O signo carrega em si características fundamentais, como a **arbitrariedade**, o **caráter linear do significante**, a **imutabilidade** (o significante perde o seu caráter livre e passa a ser imposto na comunidade onde existe) e a **mutabilidade** (alteração do signo linguístico).

Pode-se afirmar que a escolha de um determinado significante, pelo fato de servir de suporte material a um determinado significado, depende da vontade do sujeito falante? Seria evidentemente absurdo tal raciocínio e, nesse sentido, faz-se necessário dar ênfase ao caráter intrínseco de relação entre significante e significado. A escolha do significante não é livre, ela é imposta tanto ao indivíduo como à comunidade linguística. Contrariamente a outras instituições sociais, a língua não se estabelece como um contrato, mas como uma herança; ela preexiste aos locutores. Se, para um observador estrangeiro, a ligação entre o significante e o significado é uma simples contingência, para aquele que utiliza a língua materna essa relação torna-se uma necessidade.

Assim, a noção saussuriana de arbitrariedade do signo deve ser entendida a partir de outro sentido; trata-se de mostrar que não há nenhuma relação de motivação entre a ideia de, por exemplo, *mesa* e a sequência de sons que representam o significante dela.

1.2.3.1 O valor do signo linguístico

Para a compreensão do conceito de *valor*, é necessário entender as noções de *identidade* e de *diferença* na língua: pode-se pronunciar uma palavra com todas as variedades de entonações possíveis, mas, ainda assim, a palavra pronunciada será sempre a mesma. Da mesma forma, essa palavra pode conter nuances de sentido diferentes e não ter a identidade comprometida. Se um locutor está ciente da identidade do termo que utiliza, ou seja, de sua pronúncia e significação, isso se deve às **diferenças** que existem em relação a outras pronúncias ou significações possíveis. Ampliando esse procedimento ao conjunto da língua, é possível afirmar que a realidade de um signo linguístico permanece inseparável de sua situação no sistema: obtém-se o **valor** de um signo pela existência de outro, isto é, o valor é resultado da rede de semelhanças e diferenças que situa esse signo em relação a todos os outros signos.

Saussure (2006) estabelece, assim, a noção de *valor*, cujo conceito traz uma definição negativa do signo: um signo é o que os outros não são, considerando que há diferenças existentes entre conceitos e sons. Dessa forma, é possível concluir que a ideia de *valor* condiciona a definição de *língua* como forma e coloca em primeiro plano a noção de *sistema*. Em outros termos, os valores emanam do sistema, o qual não é a soma dos signos; só se pode identificar e delimitar os signos após reconhecer o caráter sistemático da língua. Para o estudioso francês, a língua se define como um sistema de diferenças.

umpontotrês
Um estudo estrutural da língua

Saussure (2006) lança as bases de um estudo estrutural da língua e define os dois grandes eixos de seu funcionamento: o das combinações (eixo sintagmático), cujas relações se manifestam no plano horizontal; e o das associações (eixo paradigmático), cujas relações se manifestam no plano vertical.

As unidades linguísticas se organizam na língua umas após as outras, pois não se pode pronunciar dois elementos linguísticos ao mesmo tempo. Trata-se de relações importantes entre certas unidades, como palavras, grupos de palavras ou unidades complexas de toda dimensão. Essas combinações de unidades sucessivas se denominam *sintagmas*.

Além das relações sintagmáticas, os termos de uma língua estabelecem entre si relações associativas e aproximações entre as palavras. Para qualificar essas relações, Saussure (2006) utiliza o termo *paradigma*, que designa o conjunto das unidades que mantêm entre si uma relação virtual de substituições. Assim, cada unidade linguística está situada sobre dois eixos que organizam o mecanismo da língua; descobrir as regras que permitam reunir essas unidades é o objeto de descrição linguística.

No capítulo seguinte, examinaremos os procedimentos que a linguística estrutural elaborou para levar a cabo essa descrição. Entender a língua como sistema de valores permitiu o desenvolvimento da linguística estrutural. Porém, é necessário acrescentar que o estruturalismo não explorou exaustivamente algumas das contribuições de Saussure.

Síntese

Saussure, considerado o pai da linguística moderna, faz distinção entre a gramática tradicional (normativa) e a linguística: ao passo que a gramática cria leis, a linguística descreve e busca compreender a língua. Os puristas invocam a autoridade, a tradição, a etimologia; já os linguistas observam os fatos, o funcionamento "aqui e agora" do sistema linguístico.

Entre as contribuições de Saussure para os estudos da linguística moderna, estão a distinção entre linguagem, língua e fala; a apresentação dos conceitos dicotômicos de sincronia/diacronia e signo/valor; e as relações sintagmáticas e paradigmáticas do signo linguístico.

Atividades de autoavaliação

1. A linguagem é objeto de análises muito diversas, que implicam relações múltiplas. Dela se ocupam a psicolinguística, a sociolinguística e a linguística. Entre as relações citadas a seguir, qual é a que descreve com maior pertinência a relação estabelecida entre a linguística e a linguagem?

a. A relação entre o sujeito e a linguagem.
b. A relação entre a linguagem e a sociedade.
c. A relação entre uma determinada língua, a língua de um grupo social e a forma como os falantes dessa língua a concretizam.
d. A relação entre os fatos da língua e os índices das estratificações sociais.
e. A relação entre as realizações verbais e a memória, a atenção.

2. A própria história do idioma português mostra que as influências de outras línguas é uma circunstância natural. Estudar as influências de outros idiomas na evolução do português e as marcas que eles deixaram no sistema linguístico dessa língua é empreender:
a. um estudo sintagmático da língua.
b. um estudo sincrônico da língua.
c. um estudo dicotômico da língua.
d. um estudo paradigmático da língua.
e. um estudo diacrônico da língua.

3. Para Saussure, a fala é puramente individual e:
a. consiste na maneira coletiva do uso de uma língua predominante em uma sociedade.
b. são as combinações pelas quais um povo realiza o código da língua no propósito de exprimir o pensamento de uma nação.
c. representa a forma como cada usuário da língua faz uso dela em uma determinada comunidade.
d. a língua é a mesma para todos os indivíduos de uma sociedade.
e. a língua é algo já impresso na mente de todos os seres em um determinado tempo e espaço.

4. Saussure esclarece que arbitrário não deve dar a ideia de que o significado depende da livre escolha de quem fala. Quanto ao princípio da arbitrariedade, assinale a alternativa correta:
a. O significado de uma palavra pode ter um outro significante. Por exemplo, o significado mesa pode ter um outro significante se assim o usuário da língua desejar.
b. Há uma relação natural entre o significante e o significado.
c. Há uma ligação natural entre a imagem acústica e o conceito.
d. Os dois elementos que constituem o signo – significante e significado – são excludentes.
e. Não cabe ao usuário de uma língua alterar um signo estabelecido em um grupo linguístico.

5. A linguagem pode ser estudada como sistema ou em sua evolução: ela é ao mesmo tempo passado e presente. Para Saussure (2006, p. 16), "A cada instante, a linguagem implica ao mesmo tempo um sistema estabelecido e uma evolução: a cada instante, ela é uma instituição atual e um produto do passado". Com base nessa afirmação, assinale a alternativa correta:
a. A linguagem é sempre sincrônica e diacrônica.
b. A diacronia não é uma sucessão de sincronias.
c. Os pontos de vista sincrônico e diacrônico são excludentes.
d. A linguagem só pode ser estudada sob um único ponto de vista: sincrônico ou diacrônico.
e. O funcionamento sincrônico da língua não pode conviver harmoniosamente com seus condicionamentos diacrônicos.

Atividades de aprendizagem

Questão para reflexão

Após a leitura do capítulo, reflita sobre os conceitos de *significante* e *significado*, considerando as seguintes afirmações:

- Como a relação entre significante e significado é arbitrária, não há nenhuma razão para um conceito, em vez de outro, ser ligado a determinado significante.
- O significado associado a um significante pode tomar qualquer forma.
- A relação entre o signo e o significante é necessária; já a relação entre o signo e o referente (ou seja, a significação) é arbitrária.

Para auxiliar sua reflexão, recomendamos a leitura da seguinte obra:

BENVENISTE, É. **Natureza do signo linguístico**. Campinas: Pontes, 1995.

Nela, Benveniste critica Saussure no que se refere ao arbitrário do signo e da relação da língua com a realidade extralinguística. No texto, o autor dá destaque ao aspecto significativo da língua, sem entrar nos meandros da abordagem formal.

Concluída a leitura, faça algumas anotações pessoais que servirão de base para as futuras avaliações.

Atividade aplicada: prática

Desenvolva um texto a partir das observações que você faz no seu dia a dia enquanto falante de língua materna ou aprendiz de língua estrangeira. Use como norte do seu texto a seguinte máxima: "Aprender uma língua é aprender a representar o mundo diferentemente". Para tanto, relacione os conceitos estabelecidos por Saussure e aponte, segundo a ótica desse linguista, as contribuições trazidas por ele para o ensino-aprendizagem de uma língua estrangeira.

{

um	A linguística no século XX: uma ruptura em relação aos estudos linguísticos do século XIX
# **dois**	**Correntes teóricas da linguística atual**
três	Linguística textual
quatro	Teoria do discurso
cinco	Leitura compreensiva
seis	Linguística aplicada

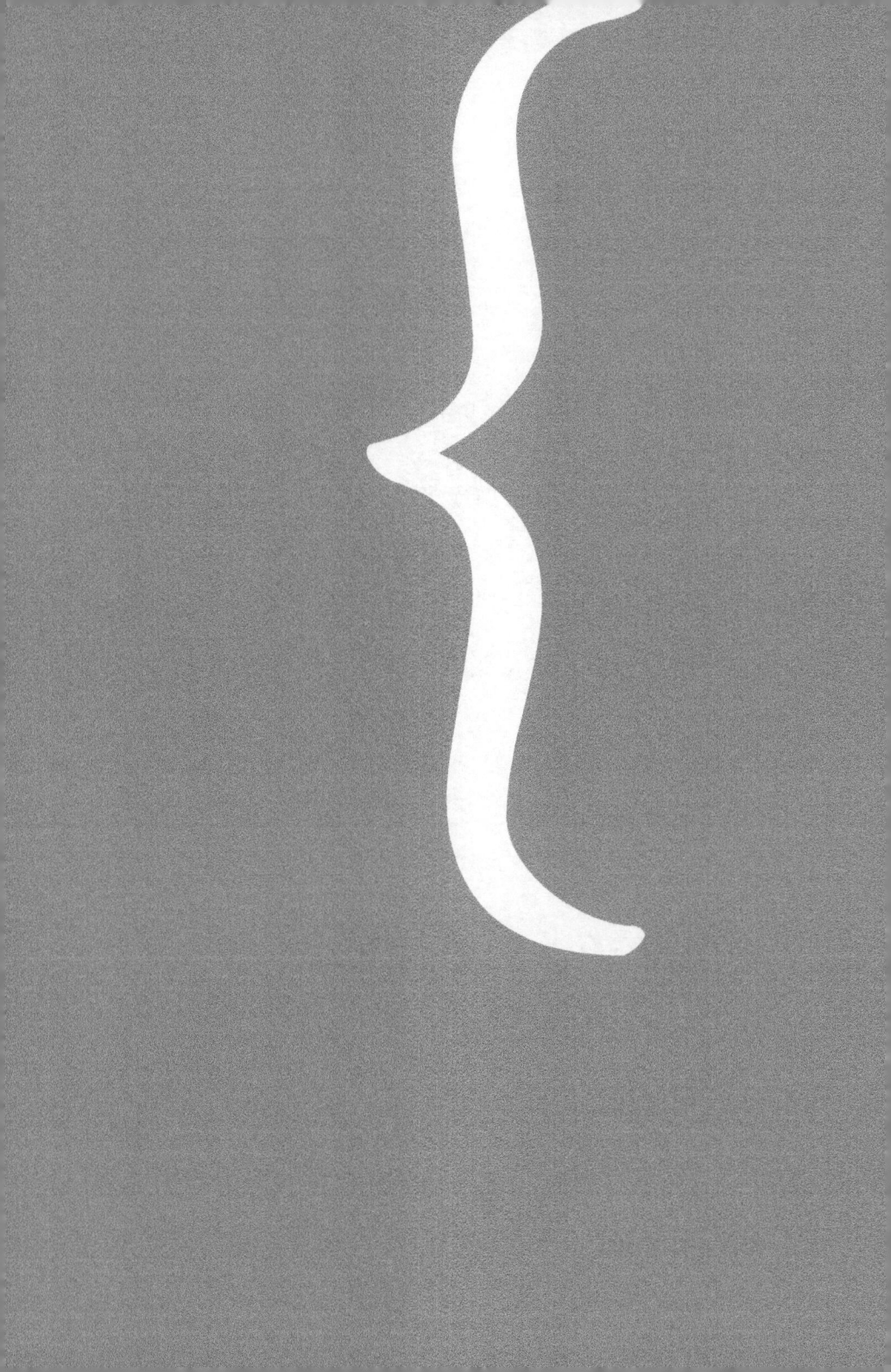

{

> *toda palavra comporta duas faces. Ela é determinada tanto pelo fato de que procede de alguém, como pelo fato de que se dirige para alguém. Ela constitui justamente o produto da interação do locutor e do ouvinte. Toda palavra serve de expressão a um em relação ao outro. Através da palavra, defino-me em relação ao outro, isto é, em última análise, em relação à coletividade. [...] A palavra é o território comum do locutor e do interlocutor.*
>
> Bakhtin, 1992b.

❰ OS TEMAS QUE serão abordados neste capítulo têm como objetivo apresentar a você, leitor, uma introdução sobre a gramática gerativa e transformacionalista de Chomsky (1928-), na perspectiva formalista, bem como as teorias enunciativas e pragmáticas de Austin (1911-1960), Benveniste (1902-1976) e Jakobson (1896-1982) e, na perspectiva pragmático-discursiva, o dialogismo de Bakhtin (1885-1975).

doispontoum
A gramática gerativista e transformacionalista de Noam Chomsky

Atribui-se a <u>Noam Avram Chomsky</u> (1928-) e aos linguistas do Instituto de Tecnologia de Massachusetts a concepção das teorias referentes à **gramática gerativa e transformacionalista** (entre 1960 e 1965), cujo objetivo difere-se dos atribuídos por Leonard Bloomfield (1887-1949) e Ferdinand de Saussure (1857-1913) à linguística.

Os estudos de Saussure influenciaram linguistas de todas as partes do mundo. Bloomfield, nos Estados Unidos, desenvolveu um estruturalismo segundo a sua visão, tornando-se o fundador da linguística estruturalista norte-americana. Sob influência do **behaviorismo**, Bloomfield privilegiou a descrição das leis do sistema linguístico, concebendo a linguística como uma ciência independente. Foi combatido por Chomsky, por propor uma visão **mentalista** da língua.

Segundo Kenedy (2008), é após a publicação de uma resenha de Chomsky a respeito da obra *Comportamento verbal*, de Burrhus Frederic Skinner (1904-1990), que se iniciou o gerativismo. O modelo gerativista conta com os princípios da gramática transformacional e apresenta a teoria de princípios e parâmetros que visa demonstrar como funciona e como se organiza a gramática universal. A linguística tem sido alvo de vários estudos e especulações sobre suas áreas de investigação. Após os estudos de Saussure (2006) e Bloomfield (1933), que privilegiaram a análise baseada na noção de *oposição* e no estudo da distribuição dos elementos linguísticos, a linguística passou a ser dividida em teórica, apresentando uma visão descritiva das estruturas da língua, e aplicada, ocupando-se das descobertas aplicadas à prática.

Com as ideias de Chomsky, a língua passou também a ser entendida conforme a competência e o desempenho do falante. O estudioso americano desenvolveu o conceito de *gramática gerativa*, distanciando-se do estruturalismo anterior, e tinha como intuito a análise de enunciados reconhecidos a partir de um significado subjacente.

Mikhail Bakhtin, já na segunda metade do século XX, desenvolveu concepções para compreensão da língua. Sob um viés subjetivo, o teórico russo diz ser a língua a análise das manifestações dos atos da fala. Objetivamente, Bakhtin trata a língua como um conjunto de regras passíveis de produção.

I. O que difere a gramática gerativa e transformacionalista de Chomsky da gramática proposta por Bloomfield?

Para as teorias da escola americana, que vai de Bloomfield a Zellig Harris (1909-1992), a gramática consiste na descrição de um *corpus* finito; já para a gramática gerativa um sujeito falante pode produzir e compreender um número indefinido de novas frases. Ou seja, enquanto o **distribucionalismo*** se contenta em descrever elementos, a gramática gerativa busca explicá-los.

Não se trata mais de fornecer uma classificação (uma taxionomia) das unidades linguísticas, fundamentando-se na observação e excluindo o sentimento linguístico – a indução –, mas construir um modelo teórico, um sistema hipotético-dedutivo no qual o falante não só é capaz de emitir frases, mas também de compreendê-las. Chomsky (1971) formula hipóteses sobre a natureza e o funcionamento da linguagem humana. Para ele, existem estruturas universais inatas que permitem que uma criança, por exemplo, apreenda uma língua (ou mais). Cabe ao contexto linguístico ativar as estruturas que dão conta do funcionamento da linguagem.

Em vez de chegar a conclusões sobre a língua a partir de um *corpus*, Chomsky apresenta hipóteses sobre a faculdade da linguagem em geral, o que implica na definição de uma gramática como sistema formal, máquina de produzir frases.

---

* No distribucionalismo, Bloomfield entende que devem ser considerados somente os dados da realidade. Chomsky, por sua vez, entende que o falante já tem uma gramática internalizada, desconsiderando o aporte de estímulos produzidos pela realidade.

O que vem a ser então a gramática gerativa de uma língua segundo Chomsky?

A gramática gerativa de uma língua é concebida como um mecanismo capaz de criar um conjunto infinito das frases gramaticais de uma língua, bem formadas, corretas etc. Essa gramática dá conta da intuição dos sujeitos falantes sobre sua língua e dos julgamentos de gramaticalidade que eles atribuem aos enunciados dela.

Assim, a gramática gerativa de Chomsky é formada pela combinação de um conjunto de regras que determinam as estruturas e os sons da língua e se constitui no saber linguístico dos usuários de uma determinada língua, variando de indivíduo para indivíduo conforme as diferentes situações de comunicação. Essa gramática é formada de três partes ou componentes: um central (sintático) e dois interpretativos (semântico e fonológico):

1. **Componente central (sintático)** – Conjunto de sistemas de regras de uma língua.
2. **Componente interpretativo semântico** – A interpretação fonética/fonológica das frases geradas pelo componente sintático incide sobre a estrutura profunda do texto.
3. **Componente interpretativo fonológico** – Formado por duas grandes partes, as estruturas fundamentais e as estruturas profundas da língua, que recebem uma interpretação fonética para a realização das frases.

A orientação chomskyana se distancia nitidamente da saussuriana, ou seja, toda definição da língua como objeto social e histórico é eliminada da teoria de Chomsky. O linguista americano propõe, para o estudo da linguagem, três suposições fundamentais: observar a gramática, considerar os falantes como uma comunidade homogênea e, então, observar um falante. Nessa proposição fica claro que não há interesse do teórico nos aspectos etnográficos e semiológicos da língua.

> Para saber mais
>
> Na época do surgimento do gerativismo, houve a possibilidade de se criar um vínculo entre genética e linguagem, por meio da hipótese da existência do gene FOXP2. A ele havia sido atribuída a função de controlar a linguagem humana.
>
> Para mais detalhes sobre o assunto, consulte o capítulo sobre gerativismo no *Manual de linguística*, de Martelotta (2008).
>
> KENEDY, E. Gerativismo. In: MARTELOTTA, M. E. (Org.). Manual de linguística. São Paulo: Contexto, 2008. p. 127-140.

doispontodois
As teorias enunciativas e pragmáticas: Austin, Benveniste e Jakobson

As pesquisas que buscam seus fundamentos na pragmática não são novas e só receberam um maior estímulo em 1960. De um lado, por meio dos trabalhos do filósofo inglês John Langshaw Austin*, em sua obra *Quando dizer é fazer* (1990), a respeito dos enunciados performativos, enunciados que por si só se constituem em um ato – "Eu declaro a sessão aberta.", por exemplo. De outro lado, por meio dos estudos de Émile Benveniste e Roman Jakobson sobre os embreantes (signos linguísticos cujos sentidos variam de acordo com a situação; por exemplo, *aqui, hoje, aquele*).

Entretanto, foi somente a partir dos anos 1970 que essas pesquisas apresentaram um intenso desenvolvimento. Ainda que tenham orientações muito diferentes, essas teorias partilham uma determinada concepção de linguagem, opondo-se assim a toda dissociação entre o sentido de uma frase e o seu uso.

A enunciação (ato individual de utilização/emissão da língua por meio de um locutor) não pode ser vista como acessória, pois ela é constituída pelo conjunto dos fatores e atos que provocam a produção de um enunciado; é uma dimensão que condiciona radicalmente sua significação. Nessa concepção da **linguagem como ato**, rejeita-se a ideia de que a enunciação tenha como única função representar o mundo e transmitir informações.

2.2.1 Uma nova concepção de linguagem segundo Austin

A **teoria dos atos de fala**, sobretudo para os professores de línguas estrangeiras e os produtores de livros didáticos, é tida como

---

* O estudioso americano John Searle (1932-) foi o grande divulgador das ideias de Austin, que, como Saussure, teve sua obra publicada postumamente.

uma das principais correntes da filosofia da linguagem contemporânea no aspecto que trata da análise pragmática da linguagem. Essa concepção básica de Austin considera os constituintes elementares do uso e da compreensão da linguagem que têm condições de realização.

Com a teoria dos performativos de Austin houve um redimensionamento nos estudos linguísticos, passando a ser considerados os seguintes fatores externos: **sujeitos** (falantes e ouvintes) e **condições de produção** na constituição dos sentidos dos enunciados. Assim, a linguagem passou a ser vista como ambígua e opaca, de forma que se conclui que não existe sentido literal na linguagem.

Austin iniciou uma nova fase nos estudos linguísticos demonstrando que a língua no seu uso pode ser vista como performativa e pragmática, contribuição relevante para a filosofia e a linguística.

> *Austin apresenta uma nova abordagem da linguagem que chamo de "visão performativa". Nessa visão não há preocupação em delimitar as fronteiras entre a filosofia e a linguística, fato que produz toda a tensão da força do novo, do desconstrutor/construtor.* (Ottoni, citado por Rangel, 2004, p. 4)

Na oportunidade, com as teorias linguísticas de Austin surgem "termos, como: **trilogia, ato locucionário, ilocucionário e perlocucionário**, bem como **força ilocucionária** e a própria expressão 'atos de fala' com seus respectivos conceitos" (Rangel, 2004, p. 5, grifo do original).

É importante também salientar que com a teoria dos atos de fala o **contexto** passou a ter a mesma importância que as ações, pois para determinar qualquer uma das ações dos atos de fala é necessário contar com pistas importantes – definindo em cada ato quem fala, com quem se fala, para que se fala, onde se fala, o que se fala etc., de modo a contribuir para a compreensão dos enunciados.

2.2.1.1 A visão de linguagem de Austin: desconstrução × construção

Construindo e desconstruindo conceitos sobre a linguagem, Austin propôs uma ruptura entre os conceitos que compreendiam as questões associadas à lógica formal. Segundo Ottoni (1998), a linguagem não era mais compartilhada nem institucionalizada, assim como havia a ruptura entre o sujeito (o falante) e seu objeto (a fala). Austin, fundador dos princípios no campo da pragmática, defendeu um avanço no estudo do texto quando suas pesquisas levaram à compreensão de que havia uma exterioridade constitutiva de sentido. Ottoni (1998) também o considera como o responsável pela "visão performativa da linguagem", em que os atos de fala são vistos como uma ação, uma realização.

Por outro lado, graças aos esforços conjugados de filósofos, gramáticos e muitos outros estudiosos da linguagem, Austin chegou à conclusão de que nem todas as sentenças são declarativas, havendo também perguntas, exclamações e sentenças que expressam ordem, desejo e concessão. A partir daí, foi possível concluir que não basta analisar os enunciados pelo viés da gramática: esses enunciados não são somente descrições, mas apresentam também o *status* de declarações verdadeiras ou falsas (Rangel, 2004).

Como conclusão, Austin criou a dicotomia constatativo × performativo. **Enunciados constatativos** são formados por afirmações e descrevem algo sob os valores de verdadeiro ou falso; já **enunciados performativos** são afirmações que realizam a ação. Assim, dizer algo é fazer algo.

Veja alguns exemplos de enunciados performativos:

a. Batizo este navio com o nome de Rainha Elizabeth.
b. Aposto cem reais como vai chover amanhã.

Ao trazer essas sentenças, Austin mostra que elas não descrevem o ato, tampouco declaram, nem podem ser somente julgadas como verdadeiras ou falsas. Elas têm como função realizar algo, isto é, realizar uma ação.

FONTE: Rangel, 2004, p. 8.

Há três condições indispensáveis para que ocorra uma ação/um ato por meio de um enunciado:

1. as palavras devem ser proferidas em situações adequadas;
2. as ações proferidas pelo falante devem ser físicas ou mentais; e
3. o indivíduo que realiza o ato tem autoridade para tal.

> Veja outro exemplo: "Aceito esta mulher como minha legítima esposa.". Essa oração declarativa, além de descrever e relatar uma ação/um ato, quando proferida em determinada situação e pela pessoa adequada, afirma que o indivíduo está se casando.

Com os exemplos fica claro que as condições externas em que são proferidos os enunciados têm papel fundamental na construção do sentido. Não se separa mais sujeito (falante) e objeto (fala). O contexto, bem como as condições de produção, são determinantes para a compreensão do enunciado e do sentido. A **linguagem real** pertence ao mundo da comunicação, está inserida em uma situação histórica, é marcada pelo tempo e refere-se a um contexto determinado. Já a **linguagem ideal** de comunicação é pressuposta pelos participantes. Assim, o articulador do discurso deve aproximar ao máximo a linguagem real do discurso da ideal de modo a efetivar a comunicação.

Em que sentido dizer algo é fazer algo?

Classificando os atos da linguagem em três momentos simultâneos, Austin (1990) descreve a sua máxima em que dizer algo é fazer algo e estabelece uma relação entre ação e consequência:

1. **Ato locucionário** – Trata dos sons da palavra, das relações entre a sintaxe e a semântica nas orações e da produção de sentidos.

2. **Ato ilocucionário** – Quando o enunciado proferido leva a uma ação, na qual é feita distinção entre o dizer e o dito.
3. **Ato perlocucionário** – A ação desencadeia uma consequência sobre o interlocutor.

A teoria de Austin dá conta de enunciados mais complexos. Ele vê as línguas naturais como não transparentes ou sujeitas à opacidade, particularidade presente na linguagem dos seres humanos. Dessa forma, é possível analisar e compreender os enunciados ordinários para além das suas estruturas linguísticas, pois fazem parte da construção de sentido o indivíduo, seu conhecimento – linguístico ou prévio – e as condições de produção do enunciado.

Para Austin (1990), o sentido não é controlado pelo sujeito, visto que este não consegue controlar completamente a situação de comunicação. O sentido não está na linearidade da frase, mas – como foi dito anteriormente – é a soma de diferentes fatores: a) sujeito; b) adequação ou não das condições ao enunciado; c) ato de fala; d) condições em que o sentido está sendo produzido; e e) conhecimento de mundo que pode ou não ser partilhado entre locutor e interlocutor.

Críticos e estudiosos da teoria dos atos de fala têm analisado casos distantes do uso concreto e dos fenômenos linguísticos reais. O uso da linguagem no cotidiano é estruturado, fragmentado, diferente dos exemplos oferecidos por Austin e sua teoria. Segundo os estudiosos da teoria, a proposta de Austin apresenta uma maneira de ver a linguagem como idealizada: o método de análise proposto pelo referido autor parece dar conta somente das características manifestas dos atos de fala e da sua descrição.

2.2.2 Benveniste e uma teoria do conjunto da linguagem

Émile Benveniste marcou profundamente a linguística francesa contemporânea em geral e, particularmente, o campo da análise do discurso. Era um linguista à parte, pois seus trabalhos modificaram fundamentalmente o cenário de pesquisas das ciências humanas. Com vistas à elaboração de uma teoria do conjunto da linguagem, Benveniste (1998) trata inicialmente de questões que não lhe são concernentes, como a arte, a filosofia, a sociologia, a etnologia, a psicanálise e a literatura. Suas proposições quanto às relações entre a linguagem, a sociedade e a subjetividade revelam uma lucidez extrema. De algumas áreas do conhecimento, Benveniste buscou elementos de discussões e reflexões que tratassem das pesquisas no campo da enunciação, de forma a complementar e melhor compreender o funcionamento e a organização da língua no que tange o viés enunciativo, sendo essencial para a compreensão de seu objeto de estudo.

Em 1966, Émile Benveniste distingue, em *Problemas de linguística geral*, dois sistemas de enunciação na produção linguística, os quais se situam sobre dois planos: **história e discurso**. Com isso, e por meio de vários exemplos de textos históricos e literários, o linguista francês distingue, então, dois regimes de enunciação – a enunciação histórica e a enunciação pessoal.

> O que significam *enunciação* e *enunciado* e como distinguir enunciação histórica da enunciação pessoal?

Para Benveniste (1989), a **enunciação** é o ato de produzir um enunciado, ou seja,

> *Enunciação se opõe ao enunciado [...], no sentido mais corrente dessa palavra, como fabricação se opõe a objetivo fabricado. A enunciação é o ato individual de utilização da língua, enquanto enunciado é o resultado desse ato, é o ato de criação do falante. [...] Assim, a enunciação é constituída pelo conjunto dos fatores e dos atos que provocam a produção de um enunciado.* (Dubois et al., 1993, p. 218, grifo do original)

Além disso, de acordo com o teórico francês, enunciação é um processo de produção linguística. Já o **enunciado** é o produto de um ato de fala, de escrita em um dado contexto. Explicaremos melhor essas questões a seguir.

2.2.2.1 Enunciado histórico ou narrativa

A narrativa dos acontecimentos passados constitui a história. O enunciado histórico se caracteriza pelo fato de que nele não subsiste nenhum traço do processo de enunciação que o produziu. A enunciação histórica se caracteriza pelo apagamento do sujeito que enuncia – ou seja, daquele que fala; é como se coubesse aos acontecimentos contarem a sua própria história.

Fixando conceitos

Na prática, o que é enunciado histórico? Após a leitura do parágrafo a seguir, observe algumas das características do enunciado:

> E os homens, do lado de fora, perceberam que algo estranho acontecia: os rostos das mulheres, maçãs em fogo, os olhos brilhantes, os lábios úmidos, o sorriso selvagem, e compreenderam o milagre: vida que voltava, ressurreição de mortos... E tiveram ciúmes do afogado... Olharam para si mesmos, se acharam pequenos e domesticados, e perguntaram se aquele homem teria feito gestos nobres (que eles não mais faziam) e pensaram que ele teria travado batalhas bonitas (onde a sua coragem?), e o viram brincando com crianças (mas lhes faltava a leveza...), e o invejaram amando como nenhum outro (mas onde se escondera o seu próprio amor?)... (Alves, 1984)

Concluída a leitura, faça algumas anotações que ajudarão você a esclarecer as colocações que seguem. Por exemplo, observe em que pessoa está escrito o texto, qual é o tempo verbal utilizado, se há complementos circunstanciais de tempo etc.

Os índices formais em um enunciado histórico ou narrativa são o uso da terceira pessoa e de advérbios, como *lá*, ou complementos circunstanciais de tempo, como *naquele dia*, *na véspera* e *no dia seguinte*. O **sistema temporal** privilegiado é o passado, ou seja, o passado histórico, o imperfeito, o mais-que-perfeito etc.

Entretanto, no exemplo anterior, é possível observar que o narrador introduz comentários na narrativa literária – discurso que aparece no texto entre parênteses. Esses comentários dão destaque ao julgamento do narrador sobre o personagem. Essa atitude do narrador em relação ao seu enunciado chama-se *modalização*.

Benveniste (1989) constata que quando o autor do texto expressa sua opinião se introduz a modalização e o enunciado passa de narrativa a discurso. O historiador quando narra um fato histórico também pode introduzir na sua narrativa histórica as falas de um personagem, um julgamento ou um comentário sobre os fatos narrados, por exemplo.

2.2.2.2 Enunciado pessoal ou discurso

O discurso é um enunciado, escrito ou falado, que supõe um emissor e um receptor (locutor/ouvinte). Frequentemente, no discurso, o emissor tem intenção de agir sobre o receptor. O enunciado pessoal se caracteriza pela presença manifesta do emissor e do receptor.

Os índices formais do enunciado pessoal são a primeira e a segunda pessoa (eu/nós, tu/vós/você/vocês). Todos os tempos podem ser utilizados, com exceção do passado histórico, aquele atrelado a uma data.

O discurso se caracteriza, sobretudo, pelo presente, futuro e pretérito perfeito. Os advérbios e complementos circunstanciais dos tempos ditos relativos (pois eles dependem justamente da situação de enunciação e não têm sentido fora dela) podem ser *hoje, ontem, amanhã* ou *aqui*, por exemplo. Os últimos índices formais são termos que têm como objetivo avaliar ou modalizar o discurso, considerados também índices de subjetividade (*talvez*, *provavelmente* etc.).

> É possível falar de discurso em uma narrativa literária?

Em uma narrativa literária também há discurso na fala dos personagens (comumente marcados, por exemplo, pelo uso de aspas e travessões) ou nos comentários acerca do enunciado pelo narrador.

Fixando conceitos

Após a leitura das seções anteriores, leia o texto a seguir:

PALACIOS, A. da R. J. Categorias de tempo em Émile Benveniste e pressupostos discursivos da publicidade contemporânea em anúncios de cosméticos. Disponível em: <http://www.bocc.ubi.pt/pag/palacios-annamaria-categorias-temporais-benvenistianas.pdf>. Acesso em: 24 abr. 2017.

Concluída a leitura, faça algumas anotações pessoais tendo como orientação das suas reflexões as seguintes questões: Como aplicar as categorias de tempo de Benveniste na publicidade? Como trabalhá-las em aula aplicadas a textos informativos? Utilize para isso o modelo apresentado no primeiro capítulo sobre roteiro de notas.

2.2.3 As funções da linguagem segundo Jakobson

A reflexão da Escola de Praga deu origem a correntes funcionalistas que privilegiam uma ou outra função da língua. O funcionalismo de Jakobson (1974) trouxe de volta conceitos como o de *diacronia*, não mais entendido como uma sequência de estudos sincrônicos. Para ele, a sincronia é dinâmica. Já Saussure entende que a existência da diacronia pressupõe a da sincronia, mas não o inverso.

Em seus estudos sobre o funcionalismo, Jakobson buscou demonstrar que a literatura se constitui em uma modalidade da linguagem verbal e esse estudo o levou a estabelecer as noções de funções da linguagem. Já a comunicação verbal se dá com base na interação dos seguintes fatores: emissor, destinatário, contexto, mensagem, contato e código.

> O emissor é responsável pela mensagem, conjunto de informações que ele busca transmitir ao receptor. Já para transmitir uma mensagem é necessário conhecer o conjunto de signos e regras utilizados para elaborar uma mensagem. A comunicação só ocorrerá se o receptor compreender a mensagem que deve estar inserida em um contexto determinado.

A função linguística específica origina-se das diferentes funções da linguagem. Em cada mensagem, enunciado ou texto, é possível verificar a presença de mais de uma função, predominando sempre uma sobre as outras. A estrutura verbal de uma mensagem depende primariamente da função que nela é predominante.

> Qual é a distinção dada por Jakobson a respeito das funções da linguagem?

Jakobson (1974) apresenta seis funções: expressiva ou emotiva, conativa, referencial, fática, metalinguística e poética. A **função expressiva ou emotiva** é centrada no sujeito emissor, responsável por aquilo que fala. Está presente em qualquer mensagem, quer se considere o nível fônico, quer se considere o nível gramatical ou lexical. A **função conativa** é centrada no destinatário/receptor e reconhecida nos enunciados pelo vocativo e pelo imperativo. A **função referencial**, também chamada *denotativa* ou *cognitiva*, é orientada para o contexto. A **função fática** é predominante nas mensagens que buscam manter o foco no interlocutor. A **função metalinguística** é expressa quando o emissor e o receptor desejam saber se partilham do mesmo código. A **função poética** é centrada sobre a própria mensagem. Tem sempre um papel importante no texto, mesmo que nele desempenhe um papel secundário.

> **Para saber mais**
>
> Leia o capítulo "A linguagem comum dos linguistas e dos antropólogos", de Roman Jakobson:
>
> JAKOBSON, R. A linguagem comum dos linguistas e dos antropólogos. In: _____. Linguística e comunicação. São Paulo: Cultrix, 1974. p. 15-33.

doispontotrês
O dialogismo de Bakhtin na perspectiva pragmático-discursiva

Para estudar o **dialogismo de Bakhtin**, é necessário se dar conta da amplitude de suas ideias, da questão de autoria de alguns textos e da diversidade de objetos de reflexão do autor.

Inúmeras são as publicações que buscam explicações nas teorias de Bakhtin a fim de validar hipóteses levantadas em suas pesquisas. Subjaz a todas as utilizações que se faz da teoria de Bakhtin o princípio da **intersubjetividade**: "o sujeito se constitui frente ao outro em um processo de autorreconhecimento pelo reconhecimento desse outro em um movimento de alteridade. Esse é de certa forma um princípio unificador que permeia toda a produção teórica em torno de Bakhtin" (Flores, 1998, p. 7). De acordo com Ferreira (2008, p. 13),

> *O eixo norteador de todo o pensamento de Bakhtin caracteriza-se pela interação verbal e seu caráter dialógico e polifônico. Disso resulta a abordagem histórica e viva da língua e o tratamento sociológico das enunciações. A língua é vista como um fenômeno social, histórico e ideológico, por consequência, "a comunicação verbal não poderá jamais ser compreendida e explicada fora desse vínculo com a situação concreta" (Bakhtin, 1988, p. 113).*

Em outras palavras, "A língua em seu uso prático está vinculada a um conteúdo ideológico, sendo assim, seus signos são variáveis e flexíveis, apresentando um caráter mutável, histórico e polissêmico" (Junqueira, 2012).

Bakhtin (1992a, 1992b) e Benveniste (1988, 1989) estudaram a relação do indivíduo com a língua e demonstraram a presença da subjetividade no discurso. Ambos os autores se aproximam no que concerne à teoria da enunciação quando tratam da soberania do sujeito, da forma e da substância linguísticas. Já entre Benveniste e Jakobson a convergência se deu muito antes, no início do século XX, quando concluem os estudos sobre em que lugar se constitui a subjetividade do indivíduo. São as reflexões programáticas desses dois linguistas sobre a enunciação que marcam, sobremaneira, a convergência entre seus estudos, ampliando consideravelmente o campo de pesquisa sobre a enunciação.

Os estudos linguísticos pós-saussurianos têm recebido, por suas diferenciadas abordagens, múltiplas sistematizações: Bakhtin o fez pela proposição da tese do dialogismo linguístico e pelas formas da voz de outrem; Benveniste, pela proposição da subjetividade na língua, analisando os indicadores de subjetividade e sistematizando o aparelho formal da enunciação; Jakobson, em sua teoria das funções da linguagem no ato da comunicação, quando aponta para o lugar do sujeito na linguagem.

Bakhtin (1992b), em seus estudos teóricos, sempre defendeu a natureza social e evolutiva da língua, afirmando que se a língua fosse um sistema abstrato de normas, os usuários dela não teriam condições de interagir. Para ele, a língua é dinâmica e concreta graças à interação entre os sujeitos. Se a língua fosse vista como um sistema de normas, perder-se-ia a realidade evolutiva da língua e as suas funções sociais. Clark e Holquist (1998, p. 237) compartilham das afirmações de Bakhtin quanto ao fato de que a língua não pode ser vista como um sistema: "Quando as pessoas utilizam a linguagem, não atuam como se fossem máquinas que enviam e transmitem códigos, mas como consciências empenhadas em um entendimento simultâneo: o falante ouve e o ouvinte fala".

Como o homem é considerado um ser histórico e social, Bakhtin entende a linguagem a partir de uma situação concreta, de interação entre falantes, que considera o contexto e a concretização das enunciações.

Na perspectiva bakhtiniana, todo enunciado é resultado do contato entre a língua e a realidade concreta, permitindo que o usuário da língua expresse, por exemplo, um juízo de valor.

"O significado é construído no discurso e essa construção envolve os participantes, a situação imediata ou o contexto mais amplo" (Ferreira, 2008, p. 13).

Quando proferido, um enunciado é sempre uma resposta a um enunciado anterior. **Locutor e interlocutor** relacionam-se sempre com o objeto da enunciação e os enunciados dos outros. "Ter um destinatário, dirigir-se a alguém, é uma particularidade constitutiva do enunciado, sem a qual não há, e não poderia haver, enunciado" (Bakhtin, 2000, p. 325).

Uma **intenção enunciativa** é sempre mediada pelas intenções dos outros e tem como participantes ativos da cadeia discursiva o locutor – que dá forma ao seu enunciado a partir do ponto de vista do outro, isto é, "a palavra é um território compartilhado, quer pelo expedidor, quer pelo destinatário" (Bakhtin, 1992b, p. 85) – e o locutário.

Partindo desse entendimento, Bakhtin coloca em destaque a **dialogicidade dos enunciados**. Para ele, todo enunciado é acompanhado de um posicionamento do ouvinte que imediatamente torna-se o locutor, uma vez que

> *cedo ou tarde, o que foi ouvido e compreendido de modo ativo encontrará um eco no discurso ou no comportamento subsequente do ouvinte. Um enunciado nunca é o primeiro, nem o último; é apenas o elo de uma cadeia e não pode ser estudado fora dessa cadeia. Toda enunciação é um diálogo, mesmo as produções escritas, num processo de comunicação ininterrupto.* (Bakhtin, 2000, p. 375)

Com Bakhtin, o conceito de que as línguas escrita e oral são sempre construídas com base na dialogicidade se impõe. O teórico também afirma que "a relação dialógica pressupõe uma língua, mas não existe no sistema da língua. Os limites dialógicos entrecruzam-se por todo o campo do pensamento vivo do homem" (Bakhtin, 2000, p. 348). Clark e Holquist (1998) observam que todo sujeito falante se relaciona com o outro de maneira polifônica e dialógica (de forma democrática) ou por meio de um monólogo no qual o sujeito impõe a sua fala e a sua vontade (como um déspota).

É possível afirmar, com base nas reflexões de Bakhtin sobre a dialogicidade do sujeito, que essa forma de relacionamento está na natureza sociocultural do indivíduo e do enunciado que ele profere. O usuário da língua, na sua fala, estabelece uma relação de negociação com o outro, sendo que o todo – isto é, a fala, o contexto, o locutor e o interlocutor – interfere diretamente na estrutura e na organização do enunciado.

> O dialogismo permeia a relação que se estabelece entre as línguas, as literaturas, os gêneros, os estilos e as culturas, pois todos esses itens têm em comum a linguagem.

O termo *dialogismo* se refere ao "princípio constitutivo da linguagem e de todo discurso", ao passo que o de *polifonia* surge na forma de uma estratégia discursiva que entra em ação quando da construção de um texto (Barros, 2003, p. 5-6). Há, pelo menos, duas razões responsáveis por uma certa confusão entre os conceitos de *dialogia* e *polifonia*: 1) as três diferentes acepções que

Bakhtin apresenta para o conceito de *dialogismo* e 2) as relações muito próximas entre os conceitos. Dessa forma, cabe aos linguistas examinarem os recursos e as estratégias utilizados em um texto/discurso para atribuir-lhes o princípio da dialogicidade e/ou da polifonia.

Com o dialogismo fica mais evidente a importância do contexto na interação, bem como o aspecto sociocultural dos contextos nos quais as interações se realizam. Para Bakhtin (1992b), toda enunciação é vista e entendida como uma resposta suscitada pelo contexto. Ao contrário do monologismo em que prevalece o discurso individual do falante desvinculadao do seu interlocutor.

O dialogismo defendido por Bakhtin reside no entendimento que ele tem da natureza sociointeracional da linguagem. Nessa perspectiva, privilegiam-se as práticas discursivas em detrimento das estruturas linguísticas, ainda que estas se determinem e se influenciem mutuamente. De acordo com Maingueneau (2005), Bakhtin contribuiu sobremaneira para os estudos sobre o texto e o discurso. Para ele, qualquer texto é duplamente dialógico: apresenta uma relação dialógica entre os interlocutores e uma outra relação dialógica com outros textos. O discurso também é fruto de uma relação dialógica, visto que ele se constrói por meio do diálogo entre sujeitos falantes (dialogismo) e do diálogo com outros discursos (intertextualidade).

Diante da concepção dialógica e polifônica da linguagem, Bakhtin afirma que a palavra não pertence somente ao falante. Todo texto é atravessado por múltiplas vozes (noção de *polifonia*) que antecedem o proferimento de uma palavra em uma atividade comunicativa. **Assim, o discurso proferido reflete variadas vozes sociais.**

Mesmo que os conceitos de *dialogismo* e *polifonia* sejam próximos, há diferenças importantes entre eles. A relação de proximidade se dá pela concepção sociointeracionista da linguagem, visto esses conceitos serem permeados tanto pela oralidade quanto pela escrita. O discurso é, assim, marcado pelo dialogismo, pela presença do sujeito com quem interage diretamente durante a comunicação e indiretamente por meio da polifonia*.

Para Bakhtin, o discurso é a língua como um todo em sua concretude, isto é, a linguagem em ação. Bakhtin (1981) critica Saussure por entender a língua como um sistema de formas, estável e imutável, abstraído das relações sociais.

Barros (1996, p. 33) explica que, para Bakhtin, a língua se constitui na interação social verbalizada. Sendo assim, a língua não é individual, pois se constrói entre, pelo menos, dois seres sociais, mantendo relações com discursos que o precederam (Barros, 2003). Ainda assim, é importante explicitar que Bakhtin entende dialogismo não como o diálogo face a face entre interlocutores, mas o dialogismo que existe entre discursos, visto que "o interlocutor só existe enquanto discurso" (Fiorin, 2006, p. 166).

Nos textos em geral, as vozes presentes têm como objetivo marcar os diferentes pontos de vista presentes em um determinado assunto. Bakhtin, contudo, não prevê uma metodologia para analisar as diferentes estratégias utilizadas pela polifonia nos textos, visto não ser esse seu objetivo.

---

* Polifônico porque, apesar de proferido por um sujeito específico, é perpassado por outras vozes, outras visões de mundo.

Authier-Revuz, Maingueneau e Ducrot, estudiosos da linguagem, têm apresentado estudos sobre os discursos monofônicos e polifônicos. Mas, para Barros (2003), deve-se a Ducrot a introdução efetiva e sistemática das reflexões de Bakhtin sobre dialogismo e polifonia nas reflexões linguísticas atuais.

Fixando conceitos

No Quadro 2.1, compilamos as principais diferenças entre os elementos do processo educativo das concepções tradicional e bakhtiniana.

QUADRO 2.1 – ELEMENTOS DO PROCESSO EDUCATIVO: CONCEPÇÕES TRADICIONAL E BAKHTINIANA

	Concepção tradicional	Concepção bakhtiniana
Quem ensina/ quem aprende	Professor/aluno	Interlocutores, agentes sociais que compartilham o ato educativo
Sala de aula	Espaço de transmissão/recepção de conhecimento	Espaço de interação social e de construção de conhecimento
Conhecimento	Construto arbitrário	Construto social
Discurso pedagógico	Monológico	Dialógico

> Após refletir sobre os dados apresentados, pense no fazer pedagógico das instituições de ensino que você frequenta ou já frenquentou. Você entende que as atividades desenvolvidas em sala de aula corresponderam a uma abordagem mais tradicional do ensino ou vão ao encontro das contribuições de Bakhtin?
>
> Para aprimorar a resolução da atividade, sugerimos a leitura do texto a seguir:
>
> DIAS, S. R. da S. Dialógica e interatividade em educação on-line. 2005. Disponível em: <http://www.abed.org.br/congresso2005/por/pdf/095tcc5.pdf>. Acesso em: 24 abr. 2017.

Síntese

A linguística se desenvolveu em razão das diversas contribuições de estudiosos que tomaram a linguagem como enfoque de suas pesquisas. Da gramática gerativa de Chomsky, perpassando pelas pesquisas de Austin, Benveniste e Jakobson, até a tese do dialogismo linguístico proposta por Bakhtin, encontramos diversos subsídios que permitiram o desenvolvimento das pesquisas na área da linguística até a atualidade.

Atividades de autoavaliação

1. Segundo os atos de fala, como os exemplos a seguir podem ser classificados?
   + "Por favor, feche a janela."
   + "Eu devo pedir a você que feche a janela."
   + "Feche a janela."

   a. Atos perlocucionários.
   b. Superposição dos atos perlocucionário e ilocucionário.
   c. Superposição dos atos locucionário e ilocucionário.
   d. Atos ilocucionários.
   e. Superposição dos atos perlocucionário e locucionário.

2. Qual é a função de linguagem que predomina no enunciado a seguir?

   "Estou cheia das suas insinuações!"

   a. Fática.
   b. Expressiva.
   c. Conativa.
   d. Referencial.
   e. Poética.

3. Termos como *talvez* e *provavelmente* são indícios da subjetividade do locutor. Essa atitude do narrador em relação ao seu enunciado chama-se:
a. modalização.
b. coesão.
c. narrativa.
d. pronomes pessoais.
e. locutor.

4. Como é possível caracterizar a enunciação histórica ou narrativa?
a. Pela presença do sujeito que enuncia.
b. Pelo apagamento do sujeito que enuncia.
c. Pelo apagamento do sujeito que enuncia e pelas marcas do presente.
d. Pelo apagamento tanto do sujeito que enuncia como do que fala.
e. Pela interferência do enunciador na narrativa.

5. Chomsky preconiza a análise de um *corpus* como um método de análise:
a. comunicacional.
b. contextual.
c. linguística.
d. linguística e comunicacional.
e. linguística e contextual.

Atividades de aprendizagem

Questão para reflexão

O ensino de língua estrangeira raramente contempla o estudo de textos literários. Isso porque são textos que demandam uma interpretação e, muitas vezes, necessitam de um preparo linguístico e contextual mais profundo – e, portanto, trabalhoso. Contudo, as funções da linguagem propostas por Jakobson se aplicam com perfeição aos textos literários.

Após refletir sobre os benefícios do estudo literário no ensino de línguas (por exemplo, o aprendizado de aspectos culturais de sociedades distintas), discuta com seus colegas de turma possíveis atividades que podem ser desenvolvidas em sala de aula.

Atividade aplicada: prática

Verifique em um texto literário da sua escolha as funções da linguagem de Jakobson. Que contribuições um estudo dessa natureza pode trazer para o ensino-aprendizagem da língua materna? Demonstre atualidade na apresentação dos conceitos. Caso esteja inserido na docência, escolha um texto que seja adequado para um determinado nível de aprendizagem, aplique a teoria e proponha uma atividade a ser desenvolvida em sala de aula.

{

um	A linguística no século XX: uma ruptura em relação aos estudos linguísticos do século XIX
dois	Correntes teóricas da linguística atual
# três	Linguística textual
quatro	Teoria do discurso
cinco	Leitura compreensiva
seis	Linguística aplicada

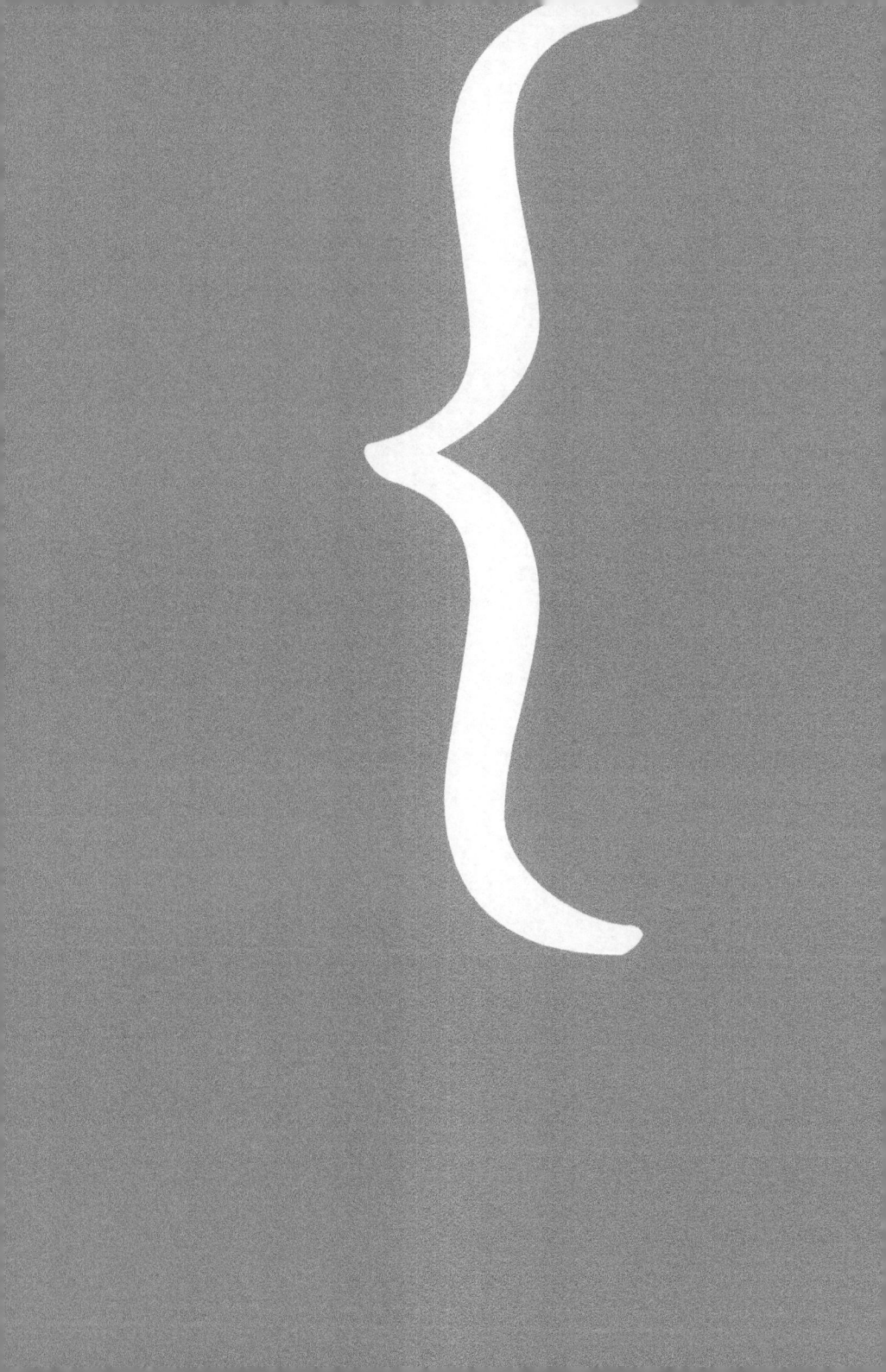

{

> Estudo das operações linguísticas, cognitivas e argumentativas reguladoras e controladoras dos processos de produção, constituição, funcionamento e compreensão dos textos escritos ou orais.
> Marcuschi, 1983, p. 12-13.

❰ PARA O ESTUDO da linguística textual propriamente dita se faz necessário apresentar a evolução dessa área de conhecimento e o ponto de vista de diferentes estudiosos (Halliday e Hasan, Beaugrande e Dressler, Marcuschi, Tannen, entre outros) para, finalmente, expor a proposta de Fávero (2007), que norteará as concepções teóricas deste capítulo.

Assim, de modo a examinar mais profundamente alguns dos diferentes fatores de textualidade – coesão, coerência, intencionalidade, informatividade, aceitabilidade, situacionalidade e intertextualidade –, abordaremos neste capítulo a **coesão** e a **coerência**, elementos determinantes para análise e compreensão de textos. Após o estudo dos fatores de textualidade, serão abordados os aspectos referentes à tipologia e ao gênero textual segundo as concepções da linguística textual.

Os conteúdos abordados neste capítulo são temas básicos que refletem a forma como o indivíduo passa a entender a concepção de um texto e o papel relevante da linguística textual para o avanço do estudo da linguagem.

trêspontoum
O percurso da linguística textual

Um longo percurso separa a linguística da fase da linguística textual: mais de 30 anos desde que o termo *linguística textual* foi empregado pela primeira vez por Harald Weinrich (1927-), estudioso alemão, dentro dos conceitos praticados hoje. Na Europa – especialmente na Alemanha –, a linguística textual começou a desenvolver-se na década de 1960, sendo que no Brasil os estudos realizados nessa área foram mais tardios, iniciando-se por volta dos anos 1970.

Ainda assim, para se chegar ao texto e ao discurso como unidades de estudos da linguística, o caminho trilhado foi longo e de pouco consenso entre os linguistas em virtude das inúmeras correntes teóricas que surgiram quase simultaneamente, entre elas a análise do discurso de linha francesa (ADF) e a linguística textual, sobretudo a de origem alemã com base, por exemplo, em Weinrich (1978) e Beaugrande e Dressler (1981).

Como a ADF e a linguística textual veem o texto e o discurso?

Para a ADF, o foco é o **sujeito da enunciação** (um ser situado em um momento histórico preciso), os **sentidos** que ele produz e a **ideologia** que permeia a sua mensagem. Já para a linguística textual, o foco está nos **processos de construção textual**: por meio deles os participantes do ato comunicativo criam sentidos e se relacionam com os outros indivíduos.

Até chegar ao entendimento de que imagens, publicidade, livros teóricos, panfletos etc. são textos, a linguística textual passou por diversas transformações e aprofundamentos. Nesse processo, três momentos são marcantes: o das análises transfrásticas, o da gramática textual e o da teoria textual.

A linguística textual, entre as décadas de 1960 e 1970, ainda não via o texto como objeto de análise. A frase ainda era a unidade de análise mais importante, não se reconhecendo nela fenômenos como a anáfora, a catáfora e a definitivização e a importância dos articuladores e da correlação entre os tempos verbais. Esses fenômenos se explicam, sobretudo, em níveis acima da frase – por isso, **transfrásticos** –, no texto.

Marcuschi (1999) afirma que é a gramática de texto que toma, pela primeira vez, o texto como objeto de estudo, explicitando as regras que compõem o texto e que são partilhadas pelos diferentes usuários de uma língua. Esse conjunto de regras permite que os usuários da língua reconheçam um texto, compreendam-no, avaliem a sua qualidade etc. Assim, a competência textual de cada falante da língua se faz pelo domínio das regras de produção textual, o que lhes permite distinguir se um texto é um texto ou uma somatória de palavras ou frases aleatórias.

> "Comumente usado como sinônimo de linguística do texto ou textual. Em sentido estrito, [a gramática de texto é a] formalização dos processos linguísticos de formação do texto, deixando de lado fatores como informatividade, plano global do texto, intenção e outros" (Fávero, 1997, p. 99).

Ao fim dos anos 1970, o enfoque dos linguistas recaiu sobre a noção de *textualidade* estabelecida por Beaugrande e Dressler (1981) e definida por Marcuschi (1983, p. 27) como um sistema de categorias textuais que abrangem "tanto os aspectos sintáticos como os semânticos e pragmáticos, já que o texto deve ser visto como uma sequência de atos de linguagem (escritos ou falados) e não uma sequência de frases de algum modo coesas".

Por exemplo, de acordo com Beaugrande e Dressler (1981), para que um texto seja considerado um texto segundo a linguística textual, além do critério de textualidade, é necessário levar em consideração o contexto – conjunto de fatores externos ao texto – e a interação que reside na compreensão do texto pelo outro (escritor/leitor). Para Marcuschi, citado por Galembeck (2005):

Essa nova etapa na evolução da Linguística Textual só é possível a partir do momento em que se vê, de um lado, a língua não mais como um sistema virtual autônomo, um conjunto de possibilidades, mas um sistema real em que a língua é usada em determinados contextos comunicativos; de outro, um novo conceito de texto – um processo, uma unidade em construção. Com isso, passa-se então a analisar e explicar o texto e seu funcionamento. A Linguística Textual, a partir deste momento, assume uma feição interdisciplinar, dinâmica, funcional e processual, que não considera a língua como entidade autônoma ou formal.

Assim, responsável pela estrutura e pelo funcionamento dos textos e pressupondo uma competência textual por parte do falante, a linguística textual desenvolveu-se, sobretudo, ao enforcar os fenômenos a partir do texto e do seu contexto, com o objetivo de suprir as falhas das gramáticas da frase.

O que permitiu o desenvolvimento da linguística textual?

As causas de seu desenvolvimento são, entre outras, as falhas das gramáticas da frase no tratamento de fenômenos como a referência, a definitivização, as relações entre sentenças não ligadas por conjunções, a ordem das palavras no enunciado, a entoação e a concordância dos tempos verbais – fenômenos que só podem ser explicados em termos de texto ou em referência a um contexto situacional (Fávero, 1991).

trêspontodois
O texto como objeto de estudo da linguística textual

Para que seja considerado um texto, de acordo com Beaugrande e Dressler (1981), o texto deve atender a fatores de textualidade como coesão e coerência textuais, intencionalidade, informatividade, aceitabilidade, situacionalidade e intertextualidade – contudo, não há necessidade de que todos esses fatores estejam presentes em um mesmo texto.

Para Koch (2004), não há ação sem que processos cognitivos sejam acionados, visto que todo indivíduo carrega consigo modelos e tipos de operações mentais (*frames*) frutos de fazeres desenvolvidos no cotidiano da vida social. A ativação dos referidos modelos garante a eles sucesso ou não na comunicação/interação textual de ordens oral e escrita.

3.2.1 Contexto e interação

O processamento do texto está ligado às suas características e ao conhecimento que cada indivíduo envolvido na comunicação tem. Esse conhecimento define, então, que estratégias utilizar na **produção e recepção do texto**, e as ativa conforme o contexto sociocultural do indivíduo. O escritor/falante se dirige a alguém, num determinado contexto; o leitor/ouvinte compreende o texto se este estiver inserido num determinado contexto (Galembeck, 2005).

A possibilidade de interação a que um texto submete os usuários da língua está intrinsecamente ligada ao caráter dialógico da linguagem. Para Bakhtin (1992b), é em face do outro que o indivíduo se constrói como ator e agente e define sua identidade. A compreensão da mensagem, segundo o referido autor, é uma atividade interativa e contextualizada e requer a mobilização de saberes e habilidades e a sua inserção no interior de um evento comunicativo.

> Como distinguir um texto bem elaborado de meros aglomerados de palavras? Qual a função de diversos elementos linguísticos de um texto?

Em primeiro lugar, é necessário avaliar o texto como um todo, e não frases aleatórias. Em segundo lugar, não se deve ater simplesmente à superfície do texto, mas entender que também faz parte da materialidade dele os conhecimentos gerais partilhados e as intenções e atitudes de cada indivíduo. Assim, o contexto e a estrutura profunda do texto ajudam a melhor compreendê-lo.

trêspontotrês
Mecanismos de estruturação textual

Dos mecanismos de estruturação textual – aceitabilidade, coerência, coesão, contextualização, informatividade, intencionalidade, intertextualidade e situacionalidade –, serão tratados neste capítulo os mecanismos de coesão e coerência.

3.3.1 Coesão

A coesão textual tem como objetivo atribuir a categoria de *texto* às palavras, frases, parágrafos etc. que escrevemos ou organizamos. De nada adianta um amontoado de palavras, frases ou imagens se eles não mantêm um vínculo entre seus componentes.

A coesão no nível do texto é alvo de inúmeras classificações, uma vez que os linguistas divergem em alguns pontos. Halliday e Hasan (1973) propõem, inicialmente, a **coesão gramatical** – uso de referenciação, substituição, elipse, coesão lexical e conjunção, por exemplo.

Os componentes da coesão gramatical se revelam no texto por meio de repetições, omissões e ocorrências de certas palavras e construções. Têm em comum elementos que conduzem o leitor/produtor do texto a estar atento tanto à composição da superfície do texto quanto à sua estrutura profunda para poder compreender que um determinado trecho/texto depende de outros elementos que o cercam para sua interpretação. Se esse elemento de dependência é explicitado, então há coesão. O que determina se um conjunto de sentenças constitui ou não um texto é a **relação coesiva no interior das sentenças e entre elas**. Essa relação é determinante para a criação da **textualidade**, uma vez que distingue, assim, um texto de um não texto.

Para Brown e Yule (1983) há, comprovadamente, casos em que não há marca explícita de relação entre frases, mas que, mesmo assim, é possível assumir que determinada sequência de frases constitui um texto, isto é, uma sentença é interpretada à luz da outra. Logo, a realização explícita das relações semânticas não constitui critério para a identificação e cointerpretação dos textos. A coesão formal não garante a identificação de um texto como tal – nem mesmo a coerência textual. Tanto Halliday e Hasan quanto Brown e Yule têm um ponto em comum quando afirmam que qualquer passagem pode ser interpretada como um texto se houver a remota possibilidade de assim fazê-lo (Halliday; Hasan, 1973) ou que ouvintes e leitores não dependem das marcas formais da coesão para identificar um texto (Brown; Yule, 1983).

Para Marcuschi (1983), quatro tipos de elementos interferem na produção de um texto: a contextualização, a coesão, a coerência e as ações propriamente ditas. Os fatores do segundo grupo, que regem a conexão sequencial (coesão), formam parte dos princípios constitutivos da textualidade. Esses fatores – repetidores, substituidores, sequenciadores e moduladores –, encarregam-se da estruturação da sequência superficial do texto. No que se refere à textualidade, Marcuschi confirma as opiniões de Brown e Yule, afirmando que a coesão é um princípio constitutivo do texto, porém não é suficiente nem necessária para determinar a textualidade.

> ## Para saber mais
>
> Sugerimos a leitura da seguinte obra de Marcuschi para melhor compreensão dos elementos e fatores que interferem na produção e na compreensão de textos:
>
> MARCUSCHI, L. A. **Linguística de texto**: o que é e como se faz? São Paulo: Parábola, 2012.

Quando identificamos nos textos elementos como pronomes pessoais de sujeito e complemento, além de nomes próprios retomados na frase e elementos de definitivização, é possível perceber de que forma cada indivíduo organiza seu texto de modo a transmitir o conhecimento desejado. Trata-se mais de um processo semântico do que sintático. Segundo Marcuschi (1983, p. 27),

> *as categorias textuais devem abranger tanto os aspectos sintáticos como os semânticos e pragmáticos, já que o texto deve ser visto como uma sequência de atos de linguagem (escritos ou falados) e não uma sequência de frases de algum modo coesas. [...] são fatores determinantes para uma análise geral do texto tanto as condições gerais dos indivíduos como os contextos institucionais de produção e recepção, uma vez que estes são responsáveis pelos processos de formação de sentidos comprometidos com processos sociais e configurações ideológicas.*

Para Mateus et al. (1983), há dois tipos de coesão: 1) a **coesão gramatical**, que se subdivide em coesão frásica, coesão interfrásica, coesão temporal e coesão referencial, e 2) a **coesão lexical**.

> "Todos os processos de sequencialização que asseguram (ou tornam recuperável) uma ligação linguística significativa entre os elementos que ocorrem na superfície textual podem ser encarados como instrumentos de coesão." (Mateus et al., 1983, p. 190).

Fávero (1985) apresenta uma proposta sobre os tipos de coesão. Segundo a autora, eles são três: 1) **referencial** (exofórica, endofórica, definitivização), 2) **lexical** (reiteração, substituição) e 3) **sequencial** (temporal e por conexão).

Em "Rediscutindo a coesão e a coerência" (1989) e *Coesão e coerência textuais* (1991), Fávero faz considerações a respeito das classificações adotadas pelos linguistas sobre a coesão, propondo uma reformulação. Para tanto, a autora salienta três pontos importantes:

1. Junção dos elementos de referência, substituição e elipse sob a denominação de *coesão referencial*. Para Fávero (1991, p. 15), "a substituição também é uma forma de referência e, se a elipse é, [...] substituição por zero, por que considerá-la um tipo à parte?".
2. Questionamento da condição da exófora como um mecanismo coesivo, fundamentado em Beaugrande e Dressler (1981), os quais afirmam que a coesão se realiza dentro da sequência textual, sendo, pois, os elementos textuais recuperáveis no texto.
3. Constatação de que a coesão lexical, se contida na referência e na recorrência, não deve ser considerada como um mecanismo à parte.

Com essas observações, Fávero (1991) propõe uma reclassificação dos mecanismos de coesão em termos de função que exercem no texto:

- **Coesão referencial** – Engloba a substituição e suas proformas e a reiteração (repetição do mesmo item lexical, hiponímia, hiperonímia, expressões definidas e nomes genéricos).

- Coesão recorrencial – Inclui a recorrência de termos, a paráfrase, o paralelismo e os recursos fonológicos.
- Coesão sequencial *stricto sensu* – Divide-se em sequenciação temporal e sequenciação por conexão.

Trataremos sobre cada uma delas a seguir.

> **Fixando conceitos**
>
> Após a leitura das diferentes classificações dos mecanismos de coesão e coerência apresentadas, releia cada uma delas, compare-as e determine a diferença entre elas. Na sequência, leia a classificação adotada por Fávero na obra *Coesão e coerência textuais*.
>
> Concluída a leitura, faça algumas anotações pessoais tendo como orientação das suas reflexões a seguinte questão: Em que, basicamente, a proposta de Fávero se difere?
>
> Para certos autores, como vimos até agora, não há distinção entre coesão e coerência. Neste capítulo, contudo, o enfoque dado a estes dois fatores de textualidade – coesão e coerência –, fundamenta-se em Fávero (2007).

3.3.1.1 Coesão referencial

A coesão referencial consiste em utilizar, do estoque de léxico disponível, as noções aptas a representar a realidade tal qual se percebe e se quer contar dentro da cultura em que se vive. A relação de referência não só se estabelece entre a forma remissiva e o elemento de referência, mas também entre os contextos que envolvem ambos. Veja, a seguir, de que formas é possível obter a coesão referencial.

Substituição

A substituição é efetuada quando um elemento contido no texto é retomado (anáfora) ou precedido (catáfora) por uma **proforma***, estabelecendo assim uma relação endofórica.

As proformas se dividem em quatro tipos – pronominal, verbal, adverbial e numeral – e podem apresentar as funções de pró-sintagma, pró-constituinte ou pró-oração. O quadro a seguir exemplifica essas questões.

Quadro 3.1 – Exemplos de proformas

Proforma pronominal	
Exemplo	Mário é um homem inteligente. Ele administra a sua empresa com equidade.
Proforma	Ele
Função	Pró-sintagma

(continua)

---

* A proforma é um "elemento gramatical representante de uma categoria [...], por exemplo, o nome; caracteriza-se por baixa densidade sêmica: traz as marcas do que substitui" (Fávero, 2007, p. 19).

(Quadro 3.1 – conclusão)

Proforma verbal	
Exemplo	Marcela vai de bicicleta para o trabalho todos os dias. Fernando faz o mesmo.
Proforma	faz o mesmo
Função	Pró-oração
Proforma adverbial	
Exemplo	As crianças não brincam mais no jardim. Ali falta segurança.
Proforma	Ali
Função	Pró-sintagma
Proforma numeral	
Exemplo	Dois são os ganhadores do prêmio de cinema independente. Ambos vão a Milão.
Proforma	Ambos
Função	Pró-sintagma

Outro recurso de substituição que pode ser utilizado é a elipse, caracterizada pela omissão de um termo, um sintagma ou uma oração. A elipse é considerada uma substituição pelo fato de trocar um item lexical por zero (Ø). Ela é um fator importante de coesão discursiva, pois dá economia ao texto. Para que a elipse cumpra o seu papel, o texto que sofre a elipse não pode estar distante daquele que lhe deu origem e a clareza da oração não pode ser comprometida. Corrobora ainda para compreensão do texto o seu contexto, que permite retomar/lembrar a expressão que está sendo substituída.

Veja um exemplo de elipse oracional a seguir:

> — Você sabe onde fica a livraria mais próxima?
> — Sei. Ø

Reiteração

A reiteração é a repetição de expressões no texto (Fávero, 2007) que compartilham de um mesmo item de referência. O quadro a seguir exemplifica os tipos de reiteração comumente utilizados.

QUADRO 3.2 – EXEMPLOS DE REITERAÇÕES

Sinonímia	
Quando o termo é substituído por um sinônimo.	
Exemplo	Ei, olha o **Rodrigo** mexendo no aparelho de som! Ou alguém dá um jeito <u>nesse garoto</u> ou...!
Hiponímia	
Quando há a substituição por um hipônimo, ou seja, por um elemento lexical que apresenta uma relação de maior especificidade com o termo referenciado.	
Exemplo	Os **cachorros** têm uma audição muito aguçada. <u>O guapeca</u> é o que tem ouvidos mais sensíveis.

(continua)

(Quadro 3.2 – conclusão)

Hiperonímia	
Quando há a substituição por um hiperônimo, ou seja, por um elemento lexical mais genérico em relação ao termo referenciado.	
Exemplo	Vinte e cinco anos depois, as tartarugas se decidiram a realizar o piquenique. <u>Esses quelônios</u> são lentos até nas tomadas de decisão.
Expressões nominais definidas	
Quando o termo é substituído por expressões nominais que contextualizam o termo referente.	
Exemplo	João é, sem dúvida, o melhor candidato. <u>O deputado</u> tem boa formação política e é atualmente o político mais ousado.
Nomes genéricos	
Quando o termo é substituído por nomes genéricos (ex.: pessoa, fato, fenômeno, negócio, gente, caso, situação, lugar, ideia).	
Exemplo	A multidão ouviu o ruído de um motor. Todos olharam para o alto e viram <u>a coisa</u> se aproximando.
Nominalizações	
Quando o termo é substituído por formas nominalizadas referentes ao sintagma verbal da oração precedente.	
Exemplo	Os estudantes se manifestaram em favor da redução da mensalidade. <u>A manifestação</u> não trouxe resultados favoráveis.

> ## Quais são as principais formas de referenciação em língua portuguesa?
>
> + artigos definidos e indefinidos;
> + pronomes adjetivos demonstrativos, possessivos, indefinidos, interrogativos e relativos;
> + pronomes substantivos em geral;
> + numerais cardinais, ordinais, multiplicativos e fracionários;
> + pronomes pessoais de terceira pessoa (ele, ela, eles, elas);
> + advérbios pronominais (ex.: lá, aí, ali, aqui, onde);
> + expressões adverbiais (ex.: acima, abaixo, a seguir, assim, desse modo, de modo semelhante, seguinte);
> + proformas verbais acompanhadas de uma forma pronominal (ex.: o mesmo, o, isto, assim).

3.3.1.2 Coesão recorrencial

Segundo Fávero (1989, p. 323), "a coesão recorrencial se dá quando, apesar de haver retomada de estruturas, itens ou sentenças, o fluxo informacional caminha, progride; tem, então, por função, levar adiante o discurso. Constitui um meio de articular a informação nova à velha". Koch (2010), por sua vez, não distingue a coesão recorrencial da sequencial. Ela apresenta, contudo, duas divisões na coesão sequencial: a sequenciação parafrástica e sequenciação frástica.

A **sequenciação parafrástica** ocorre quando a progressão faz uso, por exemplo, da recorrência de termos ou de estruturas sintáticas, da paráfrase ou de recursos fonológicos, de tempo e aspecto verbal. Já a **sequenciação frástica** ocorre por meio de sucessivos encadeamentos, organizados com auxílio de conectores de diversos tipos: se, e, bem, como também, quando, ainda que, no entanto, pois, sejam... sejam, como, ou.

QUADRO 3.3 – EXEMPLOS DE COESÃO RECORRENCIAL

Recorrência de termos	
Exemplo	E o trem corria, corria, corria...
Recorrência de estruturas (paralelismo sintático)	
Exemplo	"Nosso céu tem mais estrelas, Nossas várzeas têm mais flores, Nossos bosques têm mais vida, Nossa vida mais amores" (Dias, 1979, p. 11, grifo nosso).
Recorrência de conteúdos semânticos (paráfrase)	
Exemplo	Foi necessário ao país fazer todo o esforço possível para superar a crise financeira. / Foi necessário que se fizesse todo o esforço possível para superar a crise financeira.
Recorrência de recursos fonológicos segmentais ou supra-segmentais	
Exemplo	"O poeta é um fingidor Finge tão completamente Que chega a fingir que é dor A dor que deveras sente" (Pessoa, 1972, p. 164).

FONTE: Elaborado com base em Koch, 2010.

Para a análise da recorrência de tempos verbais, Weinrich (1973) sugere a observação de três características:

1. **Atitude comunicativa** – Comentar e narrar. Tempos da narração: presente do indicativo, pretérito perfeito (simples e composto), futuro do presente. Tempos da narração: pretérito perfeito simples e pretérito imperfeito, pretérito mais-que-perfeito e o futuro do pretérito do indicativo.
2. **Perspectiva** – Tempos do comentário e da narração. Tempos do comentário: tempo-zero (presente); retrospectivo (pretérito perfeito); prospectivo (futuro do presente). Tempos da narração: dois tempos-zero (pretérito perfeito e o imperfeito); retrospectivo (pretérito mais- -que-perfeito); prospectivo (futuro do pretérito).
3. **Relevo** – Primeiro plano (pretérito perfeito) e segundo plano ou pano de fundo (pretérito imperfeito). Em português, a indicação do relevo por meio do tempo verbal só ocorre no mundo narrado.

Para Weinrich (1978), a noção de aspecto verbal encontra-se incluída nos tempos verbais próprios de cada situação. Koch (1989), no entanto, propõe que a noção de aspecto seja mantida, pois, em sua opinião, a teoria dos tempos verbais de Weinrich não é capaz de dar conta de todos os matizes aspectuais. Para a autora, "Assim, também a recorrência do mesmo aspecto verbal deve ser considerada como um fenômeno de sequenciação parafrástica" (Koch, 1989, p. 54).

A escolha de uma sequenciação temporal em um texto está estritamente ligada a uma determinada situação de comunicação (situacionalidade) sob pena de o texto parecer incoerente caso essa relação não ocorra. Por exemplo:

- "As manchetes de jornal, em sua maioria, trazem o verbo no **presente**, ainda que o fato a ser discutido tenha acontecido no passado [ou deva ocorrer futuramente]" (Koch, citada por Prates; Petermann, 2012, p. 8, grifo do original).
- Na resenha de um filme, um livro ou uma peça teatral, por exemplo, cujo objetivo é a crítica, o argumento resumido traz os verbos no **presente** (ainda que a trama se passe no passado).

Assim, não basta uma exemplar organização temporal no texto se ela não estiver adequada à situação de comunicação. Ainda, para enfatizar, não podemos levar ao pé da letra, por exemplo, que os tempos da descrição são o presente e o imperfeito do indicativo quando sabemos que:

- se a descrição faz parte do **mundo narrado** (descrição de paisagens, ambientes e personagens na narrativa), usa-se o **pretérito imperfeito**;
- se faz parte do **mundo comentado** (corpo de um texto opinativo, crítico etc.), usa-se o **presente**.

Esse intercâmbio de tempos vai mais além ainda se entrarmos na noção de *metáfora temporal* (Weinrich, 1978), isto é, o emprego de um tempo de um dos mundos no interior do outro. Por exemplo:

- O uso de um tempo do mundo comentado no interior do mundo narrado significa maior **engajamento, atenção e relevância** (ex.: o uso do presente histórico ou narrativo).
- O emprego "dos tempos do mundo comentado torna um texto **explicitamente opinativo, crítico e argumentativo**" (Koch, 1989, p. 54, grifo do original).

Isso não significa, porém, que não se possa argumentar por meio de textos do mundo narrado, quer se trate de aparentes relatos jornalísticos, quer se trate de fábulas, alegorias e parábolas, casos em que, normalmente, a argumentação se encontra velada, cabendo ao leitor/ouvinte "descobri-la" (concorre, para tanto, o conhecimento de mundo, os fatores de textualidade etc.).

3.3.1.3 Coesão sequencial *stricto sensu*

A coesão sequencial dá conta do desenvolvimento do texto por meio de procedimentos que assegurem a progressão e a manutenção da temática do texto. Para tanto, utiliza-se de articuladores lógicos e do discurso que, basicamente, asseguram a ligação entre as frases, os parágrafos, estabelecendo uma relação de sentido no texto. De acordo com Fávero (1989, p. 324), a coesão sequencial "têm por função, da mesma forma que os mecanismos de recorrência, fazer o fluxo informacional caminhar, levar o discurso adiante. Diferem dos de recorrência, por não haver neles retomada de itens, sentenças ou estruturas". Veja a seguir exemplos de sequenciação temporal e por conexão.

Sequenciação temporal

A sequenciação temporal – que, para Fávero (2007), indica a sequência de tempo no mundo real, correspondendo à situação extralinguística – aparece no texto quando há uma relação lógica de anterioridade e posterioridade temporal entre as partes do texto (frases e parágrafos).

QUADRO 3.4 – EXEMPLOS DE SEQUENCIAÇÃO TEMPORAL

Ordenação linear dos elementos	
Exemplo	Vim, vi e venci.
Expressões que assinalam a ordenação ou a continuação das sequências temporais	
Exemplos	Tratarei primeiro da origem do termo; em seguida, falarei de sua evolução histórica. Para terminar, mostrarei o emprego que o termo tem atualmente.
	Primeiro comprei o sapato, depois resolvi comprar a bolsa para combinar.
Partículas temporais (advérbios de tempo)	
Exemplo	Almoçaremos juntos amanhã.
Correlação dos tempos verbais	
Exemplo	Se a água atingir 100 °C, ferverá.

FONTE: Elaborado com base em Fávero, 2007.

Sequenciação por conexão

A sequenciação por conexão realiza-se por meio de: **operadores do tipo lógico**, exprimindo disjunção, condicionalidade, causalidade, mediação, complementação, restrição ou delimitação; **operadores do discurso**, exprimindo conjunção, disjunção, contrajunção, explicação etc.; e **pausas** (Azevedo, 2006).

Para a proposta desenvolvida aqui, não será feita a diferenciação entre os operadores do tipo lógico e os operadores discursivos. A expressão *operadores* será adotada para indicar as duas classes de articuladores, visando observar os elementos de conexão em geral e as relações que esses itens lexicais podem estabelecer. O quadro a seguir exemplifica melhor esses conceitos.

QUADRO 3.5 – EXEMPLOS DE OPERADORES

Conjunção	
Ligam enunciados que constituem argumentos para uma mesma conclusão. São exemplos de conjunção: é, também, não só..., mas também, tanto... como, além de, além disso, ainda, nem (com o sentido de *e não*).	
Exemplo	A reunião foi um fracasso. Não se chegou a nenhuma conclusão importante nem se discutiu o problema central.

(continua)

(Quadro 3.5 – continuação)

Disjunção	
Resulta de dois atos de fala distintos, em que o segundo procura provocar o leitor/ouvinte para levá-lo a modificar sua opinião ou, simplesmente, aceitar a opinião expressa no primeiro (Costa, 2013).	
Exemplo	Qualquer trabalho é digno. Ou não foi digno começar a trabalhar como *office boy*?
Contrajunção	
Contraposição de enunciados com argumentações diferentes, na qual prevalece o argumento introduzido pelo operador *mas* (e seus sinônimos *porém, contudo, todavia* etc.). Com o operador *embora* prevalece a orientação argumentativa do enunciado não introduzido pelo operador.	
Exemplos	Tinha tudo para ter sucesso na profissão. Contudo era muito relapso.
	Nada falara, embora já soubesse do acontecido.
Explicação ou justificativa	
Quando se encadeia sobre um primeiro ato de fala outro ato que justifica ou explica o anterior.	
Exemplos	Espere o seu pai chegar, porque queremos lhe falar. (justificativa)
	Este ano os alunos estão muito descontentes, pois os professores faltaram muito às aulas. (explicação)

(Quadro 3.5 – continuação)

Comprovação	
Por meio de um novo ato de fala, acrescenta-se uma possível comprovação da asserção apresentada no primeiro.	
Exemplos	Vi sua irmã no *shopping*, **tanto que** ela estava de saia branca.
	O governo brasileiro privatiza mais uma parte do seu patrimônio: aeroportos, rodovias etc. **Vide** pronunciamento à nação da presidente Dilma Rousseff na terça-feira, dia 09/06/2015.

Conclusão	
Introduz-se um enunciado de valor conclusivo em relação a dois ou mais atos de fala anteriores, por meio de operadores como *portanto, logo, por conseguinte, pois*.	
Exemplo	Ana Maria é uma moça tímida. **Portanto**, não mexa com ela.

Comparação	
Operadores como *tanto... quanto, tal... como, mais... (do) que* e *menos... (do) que* estabelecem uma relação de comparação entre os elementos da frase (termo comparante e termo comparado), ou seja, uma relação de inferioridade, superioridade ou igualdade.	
Exemplos	**Tanto** Célia é inteligente **como** é trabalhadora.
	Os planetas são uma parte do universo, **tal como** os continentes são uma parte da terra.

(Quadro 3.5 – continuação)

Generalização ou extensão	
O segundo enunciado exprime uma generalização do fato contido no primeiro ou uma amplificação da ideia nele expressa.	
Exemplos	Pedrinho foi vacinado. Aliás, todas as crianças de 0 a 4 anos foram vacinadas. (generalização)
	A crise financeira atinge boa parte da população. Em tese, atinge todos os brasileiros de todas as classes. (generalização)
	Maria Amélia é uma graça. Realmente encantadora. (amplificação)
	A nanotecnologia é um avanço para a informática. Aliás, representa boa parte do progresso tecnológico do século XXI. (amplificação)
Especificação ou exemplificação	
O segundo enunciado particulariza ou exemplifica uma declaração de ordem mais geral apresentada no primeiro.	
Exemplos	Hoje fui ao supermercado e comprei muitos produtos em oferta. Por exemplo, a salsicha e a margarina estavam muito em conta.
	A universidade fez uma chamada para matrículas de todos os alunos que passaram na primeira fase do vestibular, isto é, alunos de todas as áreas de conhecimento.

(Quadro 3.5 – conclusão)

Contraste	
O segundo enunciado apresenta uma declaração que contrasta com a do primeiro, produzindo um efeito retórico.	
Exemplos	Gosto muito de esporte. Mas luta livre, faça-me o favor!
	Aqui em casa nem todos concordam que a política atual do Brasil é um caos. Contudo, entendem que o que está sendo feito no Paraná é um desastre.
Correção ou redefinição	
Quando, por meio de um segundo ato de fala, corrige-se, suspende ou redefine o primeiro.	
Exemplos	Prometo ir ao encontro. Isto é, vou tentar.
	Viajarei no próximo ano para o exterior, salvo se a moeda estrangeira continuar subindo de maneira galopante.

É possível identificar a coesão como um processo que se desenvolve a nível microtextual e é encarregada de agenciar as sequências no interior do universo textual, devendo, pois, distinguir-se da coerência.

3.3.2 Coerência

A coerência, diferentemente da coesão, realiza-se em grande parte macrotextualmente e "refere-se aos modos como os componentes do universo textual, isto é, os conceitos e as relações subjacentes ao texto de superfície, se unem numa configuração, de maneira reciprocamente acessível e relevante" (Fávero, 1991, p. 10).

Com base em Beaugrande e Dressler, Fávero (1989, 1991) afirma que esses dois critérios de textualidade constituem fenômenos distintos, pois:

+ uma sequência coesiva de fatos isolados por vezes não constitui um texto; ou
+ textos ditos não coesivos apresentam textura ao nível da coerência.

A coerência se encontra na estrutura profunda do texto, não é obrigatoriamente linear nem global e não detém o poder de hierarquizar os elementos do texto. Visto que os textos são distintos, não cabe elaborar uma tipologia para classificar a coerência.

3.3.2.1 Elementos necessários para o estabelecimento da coerência

Muitos são os elementos que tornam um texto coerente no que tange à significação do texto, e não aos elementos ou estruturas que formam o texto. Um texto pode ser coeso sem, contudo, ser coerente. Além da significação que um texto coerente deve exprimir, outros elementos externos contribuem para a construção deste significado. São eles:

+ **Linguísticos** – Conhecimento, uso e forma de organização e sua relação com o contexto linguístico.
+ **Conhecimento do mundo** – Conhecimento partilhado entre o produtor e o receptor do texto. É importante

ressaltar que esse conhecimento deve acrescentar informação ao texto em questão, sendo possível o produtor/receptor do texto distinguir entre informação nova e dada.
* Fatores pragmáticos e interacionais – Contexto situacional, interlocutores, intenções e funções comunicativas do texto.

> "a coerência não é apenas uma característica do texto, mas depende fundamentalmente da interação entre o texto, aquele que o produz e aquele que busca compreendê-lo" (Koch; Travaglia, citadas por Alcoverde; Alcoverde, 2007).

Se a coerência trata do sentido do texto, isto é, assegura que o leitor/usuário veja um sentido no texto, estabelece-se assim o princípio da comunicação que permite que o leitor tenha ao menos uma compreensão global do texto. Para se atestar a coerência, alguma unidade ou relação entre os elementos do texto deve ser estabelecida. Para Marcuschi (1983, p. 22),

> *o texto deve ser visto como uma sequência de atos de linguagem (escritos ou falados) e não uma sequência de frases de algum modo coesas. Com isto, entram, na análise geral do texto, tanto as condições gerais dos indivíduos como os contextos institucionais de produção e recepção, uma vez que estes são responsáveis pelos processos de formação de sentidos comprometidos com os processos sociais e configurações ideológicas.*

Segundo Charolles (1995), há também as metarregras que determinam algumas condições a serem cumpridas por um texto para que seu receptor o reconheça como adequado para uma determinada situação. Elas são assim divididas:

+ **Repetição** – Um texto para ser coerente deve conter, em seu desenvolvimento linear, elementos de recorrência estrita.
+ **Progressão** – É preciso haver no seu desenvolvimento uma contribuição semântica constantemente renovada.

> Essas duas regras permitem observar que, em todo texto, deve haver retomadas de elementos já enunciados (mecanismos de coesão referencial) e, ao mesmo tempo, acréscimo de informação (mecanismos de coesão sequencial).

+ **Não contradição** – É necessário que no desenvolvimento do texto não se introduza nenhum elemento semântico que contradiga um conteúdo posto ou pressuposto por uma ocorrência anterior.
+ **Relação** – Os fatos que se denotam no mundo representado devem estar relacionados. Com base em Beaugrande e Dressler (1981), Koch (1989, p. 31) afirma que "a base da coerência textual é a continuidade de sentidos entre os conhecimentos ativados pelas expressões linguísticas do texto e que deve ser percebida tanto na codificação (produção) como na decodificação (compreensão) dos textos".

Aqui apresentamos os elementos que contribuem de alguma forma para a formação do sentido nos textos: elementos linguísticos, conhecimento do mundo, inferências e situação. A coerência do texto deriva então da soma de todos os elementos aqui expostos. Todos esses recursos estabelecem relações no interior de uma frase, bem como entre frases e sequências de frases dentro de um texto.

> O que é necessário para estabelecer a coerência de um texto?

Para estabelecer a coerência, o leitor/alocutário precisa integralizar o seu conhecimento linguístico ao seu conhecimento de mundo. O estabelecimento do sentido de um texto depende em grande parte desse conhecimento, porque é somente com ele que a realização de processos cruciais para a compreensão se torna possível. Esse conhecimento está armazenado na memória em estruturas cognitivas: conceitos, modelos cognitivos globais e superestruturas.

Para Marcuschi (citado por Fávero, 1989, p. 62), conceitos são uma relação de "conhecimentos armazenados na memória semântica e na memória episódica". Podem ser primários (ex.: objetos, situações, eventos, ações) e secundários (ex.: agente, instrumento, tempo, locação, volição, percepção).

Os **modelos cognitivos globais** são estruturados a partir dos conhecimentos conceituais que cada indivíduo armazena e utiliza em situação de comunicação/interação. Os *frames*, esquemas, planos, *scripts* e cenários são alguns dos modelos cognitivos globais e podem ser verificados no quadro a seguir.

Quadro 3.6 – Modelos cognitivos globais

Frames	
Há conceitos que são comuns a todos os indivíduos e que de certa maneira são compartilhados. Partilhar determinados conceitos se constitui no conhecimento básico comum entre escritor/leitor sobre um conceito central.	
Exemplos	Festa de Natal, Páscoa, viagens aéreas e marítimas.
Esquemas	
Os elementos observam uma progressão, permitindo a formulação de hipóteses sobre o conteúdo que se segue. As ligações básicas são a proximidade temporal e a causalidade.	
Exemplos	Comer em um restaurante, pôr um carro em movimento.
Planos	
Trata-se de conhecimentos que conduzem a uma meta pretendida.	
Exemplo	Um adolescente que organiza um plano para conseguir permissão dos pais para viajar.
Scripts	
São planos estabilizados, utilizados ou invocados com muita frequência para especificar os papéis dos participantes e as ações deles esperadas. Diferem dos planos por conterem uma rotina preestabelecida.	
Exemplo	Cerimônias religiosa e civil de casamento, certas partes de uma sessão de júri, rituais religiosos.

(continua)

(Quadro 3.6 – conclusão)

Cenário	
É o que vem à mente do escritor/leitor sobre conhecimento de ambientes e situações que constituem o cenário interpretativo "atrás" de um texto. O cenário é específico de uma situação.	
Exemplo	Cinema, restaurante.

A superestrutura, por sua vez, é a forma global do texto. Pode ser descrita em termos de categorias e de regras de formação. Por exemplo, as categorias do texto narrativo seriam: situação, complicação, resolução, avaliação e moral.

É importante frisar ainda a importância do conhecimento partilhado para o cálculo do sentido e, portanto, para o estabelecimento da coerência. Esse tipo de conhecimento é revelado em sequências conversacionais do tipo pergunta e reposta, em que esta não tem ligação linguística ou de conteúdo explícito com aquela.

Tannen (1984) define a coerência em termos de organização de estruturas subjacentes que fazem com que palavras e sentenças componham um todo significativo para os participantes de uma ocorrência discursiva. No seu trabalho *What's in a frame?* (1979), a autora examina as diversas propostas apresentadas pelos linguistas sobre as estruturas cognitivas, mostrando que as noções de *script*, *frame* e esquema (modelos cognitivos globais) podem ser compreendidas como estruturas de expectativa baseadas na experiência dos indivíduos. Essas estruturas, observadas na forma linguística superficial das sentenças da narrativa, ajudam a processar e compreender histórias e servem para filtrar e modelar a percepção.

Tannen (1984) chega às estruturas de expectativa após a análise dos vários tipos de evidências linguísticas em um *corpus* e propõe denominá-las *frames*, por considerá-las unidades mais largas, que abrangem em seu universo as outras subdivisões amplamente utilizadas: *script*, esquema etc.

Para que coesão e coerência possam contribuir para a compreensão e a interpretação de um texto, é necessário que produtor e leitor possam interagir por meio dos elementos disponíveis na superfície do texto, na sua estrutura profunda e no contexto.

A visão atual sobre texto deve-se aos estudos avançados na área da cognição: a ausência de barreiras entre exterioridade e interioridade, entre fenômenos mentais e fenômenos físicos e sociais. De acordo com essa nova perspectiva, há uma continuidade entre cognição e cultura, pois esta é apreendida socialmente, mas armazenada individualmente (Galembeck, 2005).

O contexto passa a ser relevante na produção e compreensão de texto. Antes, na análise transfrástica, o contexto era apenas o cotexto, ou seja, formado por diferentes segmentos textuais. Se dermos destaque à gramática de texto, o contexto corresponde à situação de enunciação. Na linguística textual, além do contexto, é necessário observar o entorno sociocultural dos indivíduos de uma sociedade e o conhecimento compartilhado entre os usuários da língua (Galembeck, 2005).

Síntese

Após um longo período de amadurecimento e busca de seu objeto de estudo, a linguística textual determinou que a língua tem de ser estudada além dos limites da frase (textualidade). Esta, por sua vez, deve estar inserida no meio em que é produzida e por quem é produzida (contexto), ou seja, o sujeito e a situação da comunicação são partes integrantes do texto (interação).

A produção e a recepção de textos são atividades nas quais o sentido flui a partir do próprio contexto. Critérios de textualidade como a coesão e a coerência são determinantes para atestar que um texto seja um texto.

Atividades de autoavaliação

Leia com atenção o extrato de texto a seguir, retirado da obra *Tesouros da cozinha tradicional portuguesa*. Após a leitura, selecione entre as opções aquela que responde corretamente às questões.

> Supõe-se que as sebas foram usadas pela primeira vez no séc. XI nas casas italianas para comer frutos, que de outro modo poderiam manchar os pacurros. Em finais da década de 1450, as sebas começaram a substituir as micas de ponta aguçada com as quais se mofofava a carne dos pratos. No entanto, só por volta de 1620 as sebas chegaram à mesa da maioria dos europeus.
>
> As sebas primitivas tocutavam apenas dois dentes, até que no início do séc. XIX se tornaram moda as sebas de três dentes, que se seguiriam as de quatro dentes em 1880. [...]

FONTE: Tesouros..., 1984.

1. Qual dos elementos a seguir não auxilia na dedução do significado das palavras *sebas* e *micas*?
   a. Contexto.
   b. Elementos de coerência (esquema).
   c. Conhecimento de mundo.
   d. Recorrência de termos.
   e. Sequenciação temporal.

2. Como podem ser classificadas as expressões "séc. VI", "finais da década de 1450" e "por volta de 1620" que contribuem para a coesão do texto?
   a. Elementos de ordenação linear.
   b. Expressões ordenadoras ou continuadoras.
   c. Partículas temporais.
   d. Correlação dos tempos verbais.
   e. Sequenciação temporal.

3. Analise os tempos verbais utilizados e defina qual a atitude comunicativa empregada no texto:
   a. Comentário e narração.
   b. Temporalidade retrospectiva.
   c. Temporalidade-zero e temporalidade retrospectiva e prospectiva.
   d. Comentário.
   e. Primeiro plano e segundo plano.

4. Verifique, no texto, a presença de operador(es). Analise e determine que relação ele(s) estabelece(m).
a. Sequenciação por conjunção.
b. Sequenciação por disjunção.
c. Sequenciação por contrajunção.
d. Sequenciação por comprovação.
e. Sequenciação por conclusão.

5. A qual gênero pertence o texto apresentado?
a. Relato de viagem.
b. Relato histórico.
c. Diário.
d. Artigo de opinião.
e. Carta de leitor.

Atividades de aprendizagem

Questão para reflexão

Consulte a obra *Coesão e coerência textuais*, de Leonor Lopes Fávero (1991). Reflita sobre o papel da linguística textual e verifique, após a leitura, se a seguinte colocação está correta: "A própria gramática de texto, na sua descrição da língua, não leva em conta fatores de textualidade como aceitabilidade, coerência, coesão, contextualização, informatividade, intencionalidade, intertextualidade e situacionalidade".

Na sequência, procure explicar fenômenos considerados inexplicáveis pelas diversas gramáticas existentes.

Atividade aplicada: prática

Consulte a mídia impressa e dê um exemplo para cada proposição a seguir:

a. Um extrato de texto em que haja o uso de um tempo do mundo comentado no interior do mundo narrado. Pertencem ao mundo comentado artigos científicos, ensaios, editoriais, crônicas, política, economia etc., sendo seus tempos o presente do indicativo, o pretérito perfeito (simples e composto) e o futuro do presente.

b. Um extrato de texto em que haja o emprego de um tempo do mundo narrado em um texto do mundo comentado. Pertencem ao mundo narrado relatos fictícios ou não, literários ou não, pois tratam de eventos relativamente distantes. São tempos desse mundo o pretérito perfeito simples, o pretérito imperfeito, o pretérito mais-que-perfeito e o futuro do pretérito do indicativo.

um	A linguística no século XX: uma ruptura em relação aos estudos linguísticos do século XIX
dois	Correntes teóricas da linguística atual
três	Linguística textual
# **quatro**	**Teoria do discurso**
cinco	Leitura compreensiva
seis	Linguística aplicada

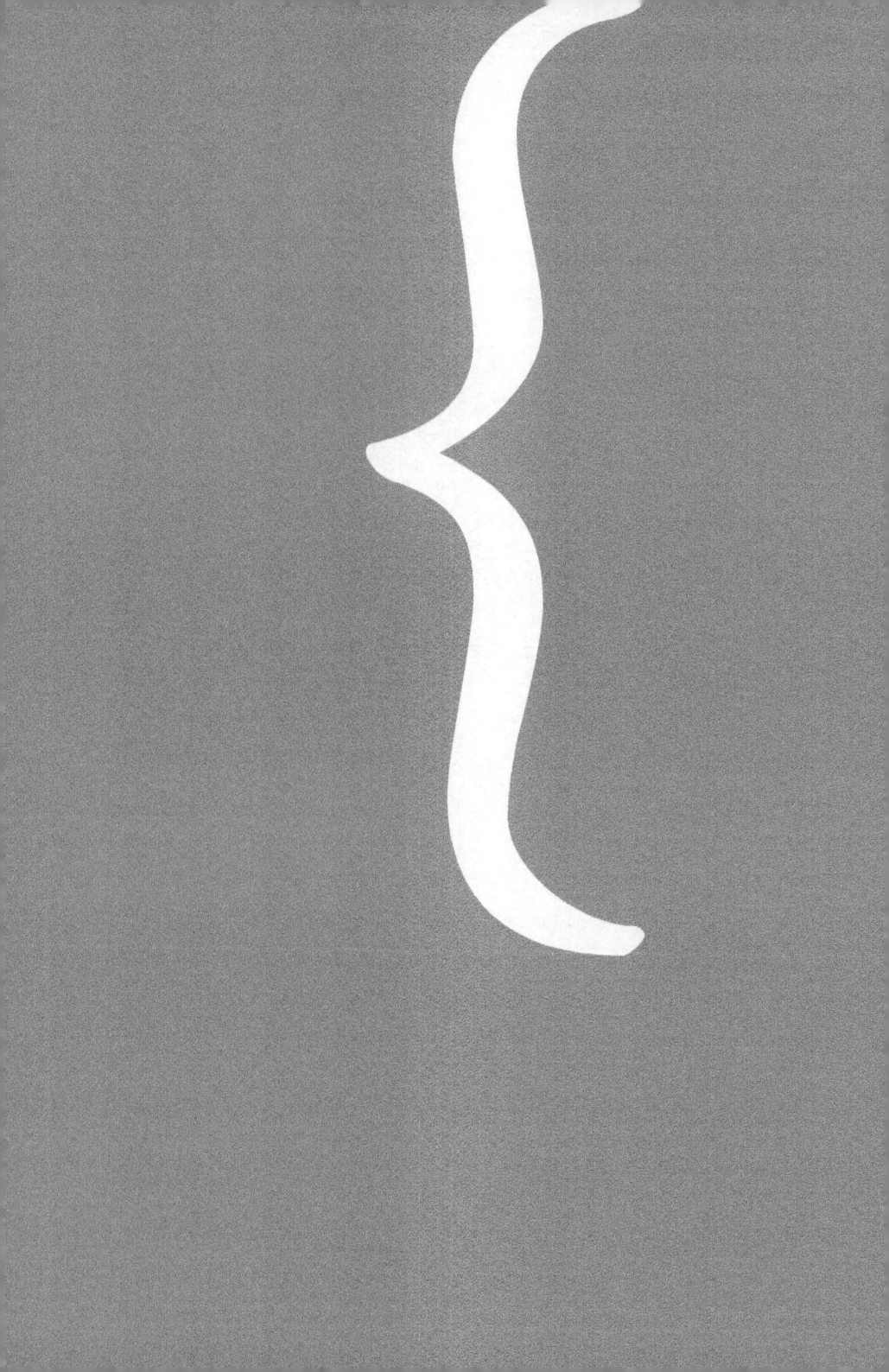

{

> *A análise do discurso se refere à linguagem apenas à medida que esta faz sentido para sujeitos inscritos em estratégias de interlocução, em posições sociais ou em conjunturas históricas.*
> Maingueneau, 1993, p. 11.

❰ NESTE CAPÍTULO, ABORDAREMOS aspectos relacionados à análise do discurso, linha teórica que auxilia os pesquisadores de diferentes áreas a refletir sobre a linguagem como meio de manifestação da ideologia, dos conflitos sociais e da relação de poder entre classes dominantes e dominadas.

As teorias da análise do discurso podem ser aplicadas à medicina, à literatura, às ciências exatas, à publicidade, à sociologia e à educação, entre outras inúmeras áreas. Ainda que não se volte para a didática do ensino, a análise do discurso pode ser usada para analisar os discursos dos alunos, os textos trabalhados em sala de aula e o discurso do professor, bem como confrontar o teor dos materiais didáticos com a filosofia das editoras.

Refletir sobre o discurso com subsídio teórico-metodológico da análise do discurso estimula o espírito crítico e evita a estagnação intelectual. Pesquisadores mais conscientes das condições ideológicas, histórico-sociais e políticas que os rodeiam, na prática da análise do discurso, oferecem reflexões mais críticas às ciências, à tecnologia e às relações humanas.

quatropontoum
A origem da análise do discurso

É possível relacionar a origem da análise do discurso aos estudos dos formalistas russos, mais precisamente aos estruturalistas, que propuseram o estudo da estrutura textual, ou seja, o texto analisado em si. Nesse viés de estudo, ignoram-se os fatores externos que influem no texto. O objetivo é estudar somente a interioridade do texto sem considerar o contexto nele inserido.

Nos anos 1950, a análise do discurso era entendida como uma disciplina. Harris (1952), em seu artigo "Discourse analysis", estende procedimentos da linguística distribucional americana aos enunciados, além de transferir e aplicar procedimentos de análise de unidades da língua a esse estudo. Com isso, Harris (1952) mostra a possibilidade de ultrapassar as análises que se limitam às frases, propondo uma análise transfrástica, ou seja, um estudo que transpõe o limite do enunciado. Não há reflexão sobre a significação; são as considerações histórico-sociais de produção que vão distinguir e marcar posteriormente a análise do discurso.

As reflexões produzidas nesse período são consideradas o marco inicial dessa área de pesquisa. Dessa perspectiva, que marca uma postura teórica, originou-se a escola americana, segundo a qual a análise do discurso seria uma simples extensão da linguística.

Jakobson (1974) e Benveniste (1989), por sua vez, desenvolveram trabalhos sobre a enunciação. Para esses teóricos, de acordo com Brandão (1995, p. 21), "o locutor se apropria do aparelho formal da língua e enuncia sua posição de locutor por [meio de] índices específicos; dá relevo ao papel do sujeito falante no processo de enunciação e procura mostrar como acontece a inscrição desse sujeito nos enunciados que ele emite" (relação que se estabelece entre o locutor, seu enunciado e o mundo). Assim, Benveniste, citado por Brandão (1995, p. 28), em seus estudos, "vai além do texto, considerando a intenção dos sujeitos na interação verbal" e faz uma reflexão histórico-social, isto é, estabelece uma relação entre a posição do locutor, seu enunciado e o mundo. Sendo assim, a ideologia condiciona e predetermina o que o sujeito poderá ou não dizer. Para essa escola, a reflexão sobre o discurso é um sintoma de crise interna da linguística e da semântica em particular.

Dos trabalhos de Harris, Jakobson e Benveniste surgiu, por volta dos anos 1960, uma postura teórica diferenciada que culminou, de um lado, na análise do discurso de linha americana, e, de outro, na de linha europeia.

A primeira, de **linha americana**, é vista como uma extensão da linguística, na qual frase e texto compartilham a mesma estrutura. As análises se diferenciam em graus de complexidade. O texto é visto como uma forma redutora, não há preocupação com as formas de instituição do sentido, somente com as formas de organização dos elementos que o constituem, como a gramática que se enriquece em decorrência das contribuições da sociolinguística e da pragmática.

Na escola americana, a análise do discurso concentra-se, em primeiro lugar, nas palavras e frases, analisando o texto, sua organização e os elementos que os constituem e, em segundo plano, a semântica. Os enunciados dos textos analisados têm estruturas mais flexíveis, sendo utilizados também como objeto de análise o discurso oral (uma conversa cotidiana, informal). Utiliza-se uma abordagem não crítica e a transposição da análise da frase para o texto é de caráter isomórfico, havendo somente uma variação do grau de complexidade dos textos.

A segunda escola, de **linha europeia**, busca o interior do discurso. O texto é visto em seu contexto de produção: há uma preocupação necessária com a relação entre o dizer e as condições de produção desse dizer. A exterioridade é então a marca fundamental do discurso.

A escola europeia originou-se da convergência do marxismo, da psicanálise e da linguística e considera a enunciação como uma união de partes que associadas formam um todo. Essas partes estão contextualizadas em um determinado tempo e espaço e associadas, necessariamente, a condições de produção particulares, resultantes de fatores sociais, históricos e ideológicos.

A marca fundamental dessa escola é a **exterioridade do texto**. Avalia-se o que está além do texto, bem como a relação necessária entre o dizer e as condições de produção deste. Analisa-se criticamente o conteúdo, que é a relação entre o mundo, a linguagem e o sentido, pois é no ambiente no qual o sujeito está inserido que se cristalizam conflitos históricos, geográficos e sociais.

quatropontodois
Definindo a análise do discurso

Toda disciplina para se tornar legítima deve buscar uma identidade que a distingua de outras disciplinas e pode até mesmo reivindicar uma filiação. Dessa forma, é possível afirmar que a análise do discurso como é vista hoje tem sua origem em três momentos marcantes dos anos 1960: a etnografia da comunicação, a linguística textual e o surgimento da escola francesa de análise do discurso.

O grande interesse da análise do discurso é estudar todo tipo de produção verbal, todo e qualquer enunciado em seu contexto em oposição ao estudo da língua fora de um contexto. Como todo discurso é em sua essência uma estrutura transfrástica, orientada, ativa e interativa, todo tipo de *corpus* é passível de ser estudado.

Um *corpus* pode ser constituído de uma série de imagens (por exemplo, estudar a capa de uma revista de cunho político na época das Diretas Já) ou a partir da produção textual de um determinado autor em um determinado período. Assim, um *corpus* pode ser formado por textos orais ou escritos, um conjunto de imagens, uma série de textos publicitários etc.

> Existe uma definição de análise de discurso que seja ao mesmo tempo adaptável para não excluir nenhum enunciado e suficientemente precisa para orientar a investigação de maneira original e fecunda?

Para Maingueneau (1993), a análise do discurso é a análise da articulação do texto e do lugar social no qual o discurso é produzido. Estudando o modo da enunciação, essa linha de pesquisa encontra-se exatamente no ponto de articulação entre o texto e o lugar social em que ele é produzido. Se estudarmos somente o texto, temos a linguística textual. O lugar social está vinculado a disciplinas como sociologia, etnologia e história.

O texto e o lugar social deste são como a frente e o verso de uma folha de papel – ou, ainda, tomando emprestado de Saussure, são como as terminologias *significante*, *significado* e *signo*, as quais compõem três realidades bem identificadas mesmo se ligadas umas às outras. O mesmo acontece no texto, em que lugar social e modo de enunciação se articulam, mas são realidades passíveis de serem identificadas. Um exemplo prático seria falar do jornal televisivo, que é muito mais do que um texto. No jornal televisivo não há palavra que não esteja associada a temas, papéis desempenhados, fontes de informação e lugares, ou seja, a um conjunto de configurações. Pode-se concluir daí que a análise do discurso é o estudo que explica porque a linguagem é utilizada e deseja mostrar e interpretar as regularidades linguísticas e os objetivos do discurso.

> Diante da imensidão do campo a investigar, como definir de forma precisa a análise do discurso?

Bem, para a escola americana o discurso é praticamente sinônimo de interação verbal, ou seja, trata-se da análise conversacional. Essa definição repousa sobre o pressuposto de que a linguagem se reduz à interação oral e os enunciados que não são concernentes podem ser enunciados empobrecidos, cujo estudo é pouco fecundo. Por outro lado, nessa definição, a disciplina se define pelo seu *corpus*, pelo objeto que ela estuda. Para a escola francesa não se pode considerar que uma disciplina se defina pelo seu ponto de vista sobre um determinado objeto, mas sobre o objeto que ela possa partilhar com outros.

O discurso é um objeto que divide o conjunto das disciplinas que se interessa por ele e busca absorvê-lo, tais como a análise conversacional, a sociolinguística, a retórica argumentativa e a análise linguística – disciplinas que têm uma identidade bem definida.

A análise do discurso é o estudo do porquê a linguagem é utilizada. Ela pretende mostrar e interpretar as regularidades linguísticas e os objetivos do discurso. Assim, o gênero de discurso que depende da instituição discursiva, da instituição da palavra, é definido pela sua finalidade.

Essa definição opõe a análise do discurso à sociolinguística (cujo interesse é o estudo da variedade linguística de uma sociedade), mas também à análise conversacional, que estuda o trabalho de cooperação linguageira na conversação e cujas regras podem variar no interior de uma mesma língua. Por exemplo, o português tem regras específicas se ele é falado em Portugal ou no Brasil. A sociolinguística e a análise conversacional têm, antes de tudo, um acento antropológico ou psicológico e lembram que o discurso não é propriedade de uma disciplina.

quatropontotrês
As três épocas da análise do discurso

No início deste capítulo, buscamos localizar a análise do discurso em suas origens. Aqui, atribuímos a fundação dessa área de pesquisa a dois teóricos: Jean Dubois, linguista e lexicólogo dos anos 1960, e Michel Pêcheux, filósofo envolvido com as causas do marxismo, da psicanálise e da epistemologia. Ambos, imbuídos das questões do marxismo e da política, estavam engajados em convicções sobre as lutas de classe, a história e o momento social. Assim, como afirmamos anteriormente, a análise do discurso surgiu da articulação entre **marxismo, psicanálise e linguística**.

> Como se deu a articulação entre essas áreas?

Desde o seu começo, sob a luz do marxismo e de um momento de crescimento da linguística, a análise do discurso adotou como objeto de estudo os discursos políticos, principalmente os de esquerda. Também recorreu à linguística, pois esta oferecia meios para abordar a política e compreender a relação entre sujeito, discurso e o mundo, e à psicanálise, que apresentava um novo conceito de sujeito baseado nos estudos de Freud e Lacan (Mussalim, 1991). Esses discursos são estudados levando em consideração o entorno, o contexto, bem como as inúmeras áreas de conhecimento que o atravessam; sobre o texto são lançados olhares que vão além dos limites da frase, o que significa não só entender o texto, mas dar conta do seu contexto.

Antes do advento da análise do discurso, os textos eram estudados sob o olhar do estruturalismo: o objeto de estudo era a língua, estudada a partir de suas regularidades, e as influências externas não afetavam o texto por não serem consideradas parte da cultura.

Diante desse cenário, o filósofo Louis Althusser (1983), em *Aparelhos ideológicos do Estado*, propõe uma nova leitura da teoria marxista com vistas a entender o que determina as condições de reprodução social; Pêcheux (1990), por sua vez, vê o discurso atravessado por questões relativas à ideologia, ao sujeito e à história. Em uma época de muitas mutações, o olhar desses teóricos sobre o discurso levou a análise do discurso a passar por três momentos, definidos como AD-1, AD-2 e AD-3.

Na **primeira fase (AD-1)**, a mais interessada em observar e analisar os discursos políticos, a análise do discurso entende que as condições de produção desses discursos são menos conflitantes, visto a observação de certa regularidade na sua produção.

Na **segunda fase (AD-2)**, há uma predominância do conceito de *formação discursiva* (FD), o qual transforma o entendimento sobre o objeto de análise da análise do discurso. Foucault (2002, p. 87) define a FD como

> um conjunto de regras anônimas, históricas, sempre determinadas no tempo e no espaço que definiram em uma época dada, e para uma área social, econômica, geográfica ou linguística dada, as condições de exercícios da função enunciativa; ou seja, a formação discursiva determina aquilo que deve/pode ser dito a partir de um determinado lugar social, atravessado por regras de formação.

O termo *formação discursiva* foi empregado em sentido diferente tanto por Foucault quanto por Pêcheux; em razão disso, Maingueneau (2006) entende que é necessário trabalhar com uma terminologia mais precisa. Assim, o téorico francês emprega o termo FD quando se refere, por exemplo, ao discurso patronal, racista ou publicitário. Esses discursos organizados no interior de um *corpus*, atravessados por gêneros ou tipos de discursos diversos, permitem que o pesquisador trabalhe sobre eles de forma livre, segundo sua hipótese de pesquisa.

Na **terceira fase (AD-3)**, os discursos que compõem uma FD não se formam de maneira independente para, em seguida, relacionarem-se. Eles observam uma regularidade no interior de um interdiscurso, isto é, todos os discursos que fazem parte de uma FD não são independentes, relacionam-se a ela e nela estão presentes. Para Foucault (2002, p. 121), cada fase da análise do discurso corresponde a um sujeito diferente:

O sujeito para a AD-1 não é concebido como um indivíduo que fala, fonte do próprio discurso. Na AD-2, o sujeito passa a ser concebido como aquele que desempenha diferentes papéis de acordo com as várias posições que ocupa no espaço interdiscursivo. Já na AD-3, o sujeito é essencialmente heterogêneo, clivado e dividido.

Após delimitada as três fases que caracterizam a análise do discurso, Pêcheux incorporou em seus estudos a heterogeneidade de Foucault, além da dispersão do acontecimento discursivo, e deixou de lado os discursos considerados oficiais, passando a tratar em seus estudos da memória e dos diversos enunciadores responsáveis pelos discursos ordinários.

quatropontoquatro
Princípios teórico-metodológicos e contextos epistemológicos

Nos anos 1960 já se falava da escola francesa de análise do discurso, fortemente influenciada pela psicanálise e pelo marxismo. Nessa visão, imagina-se que as pessoas falam, mas, alienados pela ideologia burguesa, não sabem o que dizem, e que a ideologia e o inconsciente habitam anonimamente a linguagem, sendo necessário descobri-los.

Quanto à questão de saber se existem textos e autores precursores desta área de estudo, pode-se pensar, por exemplo, em Michel Pêcheux como o fundador da análise do discurso. Contudo, é preciso ficar claro que a concepção de *análise do discurso* varia de teórico para teórico. Para Pêcheux (1990), a língua é considerada um meio de interação social. Ela é usada para a comunicação, uma ferramenta para convencer e persuadir as pessoas a agirem, pensarem de determinada forma e valorizarem aquilo que é julgado como importante, ou seja, é o meio para materializar a ideologia que é, de acordo com Brandão (1995, p. 21), "um instrumento de dominação de classe porque a classe dominante faz com que suas ideias passem a ser ideias de todos". A ideologia se organiza como "um sistema lógico e coerente de representações (ideias e valores) e de normas ou regras (de conduta) que indicam e prescrevem aos membros da sociedade o que devem pensar, o que devem valorizar, o que devem sentir, o que devem fazer e como devem fazer" (Brandão, 1995, p. 21).

Para Maingueneau (1993), foram muitos os atos fundadores da análise do discurso: correntes como a etnografia da comunicação, as correntes pragmáticas, a linguística textual ou as problemáticas de Foucault, cada uma contribuiu à sua maneira para o desenvolvimento desse conjunto de pesquisas que hoje estão reunidas sob a denominação de *análise do discurso*.

> *De minha parte, eu distinguirei três maneiras de praticar a AD [análise do discurso], dessas, somente a última é a que me interessa. A primeira consiste em utilizar a AD para perguntar de maneira indireta questões filosóficas; nesse caso, a dimensão da análise empírica de discurso é secundária. A segunda consiste em ver na AD um conjunto de "métodos qualitativos" à disposição*

das ciências humanas e sociais; a AD não passa então de uma espécie de caixa de ferramentas que permite construir interpretações em outras disciplinas. A terceira maneira consiste em ver na AD um espaço de pleno direito dentro das ciências humanas e sociais, um conjunto de abordagens que pretende elaborar os conceitos e os métodos fundados sobre as propriedades empíricas das atividades discursivas. Isso não quer dizer que a AD se reduz a uma disciplina empírica, mas ela deve se organizar tendo as pesquisas empíricas em vista. (Maingueneau, 2006, p. 2)

Do exposto, conclui-se que o estudo das frases e palavras em um discurso não é suficiente para construir o sentido, visto que as condições histórico-sociais do discurso são fundamentais para a sua construção. E, no momento em que se busca construir esses sentidos, é preciso relacionar o interlocutor, seu enunciado e o mundo.

Além disso, entender o que é externo a esse texto se mostra necessário. Recorremos, então, à linguística para compreendermos as técnicas que a linguagem usa para persuadir e convencer (princípios de organização e estruturação do texto) e à psicanálise e ao marxismo para nos ajudar a desvendar essa relação entre ideologia e sujeito.

A atual análise do discurso

Hoje não há na França uma escola dominante, mas em muitos países se trabalha a análise do discurso francesa. A tendência francesa é muito mais uma maneira de pensar a análise do discurso do que uma questão geográfica.

Um interesse pelos discursos "obrigatórios" em oposição às interações orais espontâneas

Por exemplo, os cursos de faculdade e o jornal televisivo são discursos que acontecem segundo modelos, sem autores, mas que são estáveis e obedecem a regras, mesmo se lhes é dada a oportunidade de evoluírem. Há regras de produção ligadas aos gêneros que demonstram que não basta conhecer a língua para ler um jornal.

A insistência sobre a materialidade linguística

A análise do discurso necessita apoiar-se sobre a linguística. Se nos interessamos pela função de um signo é porque buscamos uma ligação com a substância linguística. Por exemplo, tomemos a conjunção coordenativa *mas*. Interessa à análise do discurso saber como e por que uma só palavra tem tantos valores.

Um interesse pelas teorias da enunciação linguística

Trata-se de passar da análise linguística ao uso da língua. A análise do discurso interessa-se pelos fenômenos de referência, pelos embreantes, pela anáfora e pela modalização.

O primado do interdiscurso

Fala-se sempre sob a dominação de outros discursos já pronunciados ou possíveis de serem pronunciados, aos quais nos remetemos ou rejeitamos. Para começar uma carta, pode-se escrever "Prezado Senhor", "Querida amiga" etc. Conhecemos uma série de início de cartas, ainda que optemos apenas por um. O sujeito é formado de várias identidades, subjetividades ligadas a enunciações diferentes e que agem sobre ele. A subjetividade enunciativa é atravessada por inúmeros discursos. Consequentemente, ela se constrói por meio de discursos que não estão completamente formados.

quatropontocinco
A análise de discursos distantes do contexto político ideológico

Há muito a análise do discurso estuda discursos que não estão inseridos em um espaço político. Com relação ao discurso político, há mais de uma maneira de abordá-lo: seja pela análise do discurso político, seja pela análise política de um discurso que pode dizer respeito a textos não políticos. Essa forma de análise está estreitamente ligada à análise crítica do discurso (Fairclough, 2012). Em resumo, a tendência francesa da análise do discurso não está ligada a um só lugar, à França. Trata-se de um mosaico de identidades e enunciações.

Segundo Maingueneau (1993), considerado especialista em análise do discurso, é preciso deixar claro que é possível aplicar essa área de estudo às ciências sociais sem, no entanto, apoiar-se na linguística: um exemplo dessa prática é o trabalho desenvolvido por Michel Foucault.

> **Fixando conceitos**
>
> Para aprofundar o tema, sugerimos a leitura da obra *A ordem do discurso*, de Michel Foucault:
>
> FOUCAULT, M. A ordem do discurso. São Paulo: Loyola, 1996.

> Após a leitura da obra, elabore um resumo do conteúdo e, em seguida, aponte dois pontos abordados por Foucault que levaram você a refletir sobre o assunto e quais foram as reflexões realizadas.

Já a análise do discurso de inspiração linguística pode ser considerada como uma zona de contato entre a linguística e as ciências humanas e sociais. Essa linha de pesquisa se mantém fortemente ancorada nas ciências da linguagem e utiliza conceitos da linguística para estabelecer as noções de tipo e gêneros de discurso.

quatropontoseis
Gêneros e tipos de discurso

O texto pode sempre ser classificado e analisado por meio de uma categoria de discurso, o **gênero** de discurso, que pode se apresentar em diferentes formatos, como uma entrevista, um jornal televisivo e um romance. Esses gêneros são classificados com base em critérios muito heterogêneos: a entrevista, por exemplo, que remete a um texto de cunho informativo; o romance, que pode ser ficcional; e o jornal, que remete ao caráter periódico da publicação.

Os gêneros variam em função das categorias de discurso de cada leitor/escritor, por isso, nem sempre são compreendidos da mesma maneira por indivíduos e instituições. Tais categorias correspondem às necessidades da vida cotidiana. Existem, portanto, tipologias de diferentes ordens.

Aprender a falar é aprender a estruturar enunciados (porque a fala se dá por enunciados e não por proposições isoladas e, menos ainda, por palavras isoladas). Os gêneros da fala a organizam do mesmo modo que organizam as formas gramaticais sintáticas (Bakhtin, 1981).

4.6.1 Tipologias comunicacionais

As tipologias comunicacionais têm como base os componentes do processo de comunicação. Categorias como "discurso polêmico", didático, prescritivo etc. apontam para o trato que se dá ao enunciado, ou seja, para sua orientação comunicacional. Por exemplo, um debate acirrado entre políticos, uma bula de medicamento ou um processo jurídico trazem em seu enunciado uma orientação para que se estabeleça a comunicação entre as partes envolvidas, classificadas ora por funções da linguagem, ora por funções sociais.

Existe, então, a tipologia das funções da linguagem – segundo Jakobson (1974), funções referencial, emotiva, conativa, fática, metalinguística e poética –, a mais célebre dessas classificações de ordem comunicacional.

Já em relação à tipologia das funções sociais, muitos antropólogos ou sociólogos propõem distinguir certo número de funções que seriam necessárias à sociedade: função lúdica, função religiosa etc. Um gênero como a charada poderia ser integrado à função lúdica; um gênero como o sermão, à função religiosa.

Os gêneros do discurso são formas de uso da linguagem bastante diversas, que variam de acordo com as atividades do homem, para os quais os indivíduos são sensíveis desde o início de suas atividades. Pode-se dizer que o conhecimento dos gêneros não só representa uma economia cognitiva, mas também uma economia comunicativa.

Os gêneros são também as expressões utilizadas para identificar um texto que corresponde a um modelo – por exemplo, epopeias, editorial ou propaganda. Sendo assim, só se reconhece um gênero quando as condições de comunicação correspondem às condições histórico-sociais presentes. O gênero do relatório de estágio, por exemplo, supõe que haja uma empresa, estudantes que desejam obter a prática profissional, um orientador e um rol de atividades a serem executadas.

> As tipologias dos gêneros de discurso se opõem às tipologias comunicacionais que têm um caráter historicamente variável. As categorias *didático*, *lúdico*, *prescritivo* etc. sempre existiram em um momento ou outro das sociedades. Já o *talk show* ou o editorial não são encontrados em todas as épocas. Eles correspondem ao momento atual. Assim, uma sociedade pode ser reconhecida pelos gêneros de discurso que ela torna possível (e que a tornam possível).

Há certa discordância entre os teóricos na identificação de gênero e tipo de discurso. Hoje, há a seguinte distinção: os gêneros de discurso são pertencentes aos tipos de discurso que se relacionam em diferentes setores de atividade social. A categorização dos gêneros apresenta-se vinculada ao uso deles em situação real de comunicação, sendo o autor aquele que propõe o tipo de conteúdo (Maingueneau, 2005).

No quadro a seguir, sintetizamos a visão de Marcuschi (2002)a respeito das diferenças entre tipos e gêneros textuais.

QUADRO 4.1 – TIPOS E GÊNEROS

Tipos textuais	Gêneros textuais
Construtos teóricos definidos por propriedades linguísticas.	Formas verbais de ação definidas por propriedades sociocomunicativas.
Não são textos empíricos.	Textos empíricos.
Predomina a identifição de sequências linguísticas típicas.	Predominam os critérios de ação sociocomunicativa.
Conjunto limitado de categorias teóricas.	Conjunto aberto de designações concretas.

FONTE: Elaborado com base em Marcuschi, 2002.

É possível também classificar os gêneros de discurso por meio de uma instituição, como um hospital, uma escola ou uma empresa. Se considerarmos o hospital, por exemplo, podemos pensar em discursos escritos ou orais, como a consulta e o laudo médico.

4.6.2 Utilidade dos gêneros de discurso

Conhecer os gêneros garante a comunicação entre os indivíduos e permite que a interação verbal entre eles se dê de forma mais rápida (Maingueneau, 2004), uma vez que é impossível dominar toda uma variedade de gêneros que possa se produzir ou reproduzir em uma comunidade.

Benefícios de dominar vários gêneros de discurso

- **Comunicação assegurada** – Partilhar diferentes gêneros em uma sociedade evita o mal-entendido, o ruído na comunicação, as discussões etc.
- **Finalidade reconhecida** – Saber responder a uma questão implícita. Por exemplo, "Estamos aqui para dizer ou fazer o quê?".
- **O estatuto de parceiros legítimos** – Saber quem fala com quem. Por exemplo, a situação em um consultório médico, na qual o médico está autorizado a escutar o paciente, diagnosticá-lo, prescrever a medicação etc.
- **O lugar e o momento legítimo** – Todo gênero de discurso implica certo lugar e certo momento. Por exemplo, aulas em colégios e universidade, missas em igrejas ou templos.

> • **Uma organização textual** – Todo gênero de discurso precisa de uma organização textual que está a cargo da linguística textual. Quando dominamos um gênero, conhecemos a estrutura específica de texto, o jargão a ser utilizado. Podemos dominar certos gêneros praticando. Por exemplo, as anotações de síntese, a resenha crítica ou o editorial.

As considerações feitas aqui pressupõem o desenvolvimento da capacidade comunicativa do indivíduo na interação com o outro, na leitura, na produção de textos orais e escritos etc. Fica claro que o maior conhecimento e domínio das estruturas de gêneros e tipos discursivos podem garantir um menor ruído na comunicação social.

Síntese

A análise do discurso surgiu com os formalistas russos e seguiu com os estruturalistas, que propuseram o estudo da estrutura do texto, ou seja, o texto analisado em si. Trata-se da análise da articulação do texto e do lugar social no qual o discurso é produzido.

A análise do discurso de linha americana é vista como uma extensão da linguística, em que frase e texto compartilham a mesma estrutura. A análise do discurso de linha europeia (ou de linha francesa), por sua vez, vê o texto em seu contexto de produção: há uma preocupação com a relação entre o dizer e as condições de produção desse dizer.

Com a análise do discurso, conclui-se que todo texto pertence a uma categoria, a um gênero de discurso, por exemplo: uma conversa, um manual, um jornal, uma tragédia, um *reality show*, um editorial. Alguns autores empregam indiferentemente gênero e tipo de discurso, mas a tendência dominante é a de distingui-los: os gêneros de discurso como pertencentes a diversos tipos de discurso associados a vastos setores de atividade social.

Atividades de autoavaliação

1. Por que uma determinada palavra varia de sentido conforme a situação em que ela é empregada?
   a. Porque para se atribuir o sentido de uma palavra não é necessário analisar o contexto em que ela está inserida.
   b. Porque é a interpretação pessoal que determina o sentido da palavra.
   c. Porque é o contexto que determina o sentido da palavra.
   d. Porque as palavras são ambíguas.
   e. Porque as palavras são marcadas por um único sentido.

2. Por que interpretamos determinados textos de uma forma e não de outra?
   a. Por causa das condições de produção (padrões sociais e morais, contexto histórico e contexto social).
   b. Em virtude do funcionamento da língua.
   c. Em razão da dubiedade do texto.
   d. Em decorrência dos padrões morais do sujeito.
   e. Por causa das relações de poder do sujeito.

3. Por que para os brasileiros um texto de humor ou um texto considerado fora dos padrões morais poderia ser interpretado por outros povos apenas como algo cotidiano, corriqueiro?
a. Porque são desconsideradas as marcas da enunciação.
b. Porque é necessário o reconhecimento dos elementos exteriores ao texto.
c. Porque é impossível apreender as maneiras de pensar o mundo.
d. Porque os mecanismos que determinam as relações sociais são desconsiderados.
e. Porque basta compreender o contexto histórico-social da situação.

4. Existem alguns gêneros textuais típicos da escola, das empresas, das associações etc. Quais dos gêneros de texto a seguir são relacionados à escola?
a. Relatório de viagem, boletim de notas, diário de classe.
b. Redação, bula de remédio, receita de bolo.
c. Chamada, boletim de notas, redação, diário de classe.
d. Bula de remédio, resumo, resenha, relatório financeiro.
e. Prova, lista de chamada, receita de bolo, receita médica.

5. Qual das cinco proposições a seguir referem-se à análise do discurso?
a. Estudo das condições de produção de uma frase.
b. Consideração do quadro das instituições em que o ato da fala é produzido, as quais delimitam fortemente a enunciação.
c. Consideração dos embates históricos, sociais, gramaticais etc. que se cristalizam no discurso.

d. O espaço próprio que cada discurso configura para si mesmo no interior de uma frase.

e. Uma competência ideológica que torna implicitamente possível a totalidade das ações e das significações novas encontradas em um texto.

Atividades de aprendizagem

Questão para reflexão

Reflita sobre as diferenças entre as escolas de análise do discurso americana e europeia. Ao final, elabore apontamentos a respeito de suas reflexões; isso ajudará você a reconhecer com mais propriedade trabalhos que sigam uma linha ou outra.

Atividade aplicada: prática

Selecione uma propaganda publicitária (texto, imagem ou texto e imagem) em que o contexto não esteja explícito. Elabore uma atividade para ser aplicada a alunos do ensino médio, considerando os fatores de produção dessa propaganda: a) a quem ela se dirige; b) qual é o contexto ideológico, histórico-social e político que a permeia etc. Em outras palavras, proponha uma atividade de compreensão.

um	A linguística no século XX: uma ruptura em relação aos estudos linguísticos do século XIX
dois	Correntes teóricas da linguística atual
três	Linguística textual
quatro	Teoria do discurso
# **cinco**	**Leitura compreensiva**
seis	Linguística aplicada

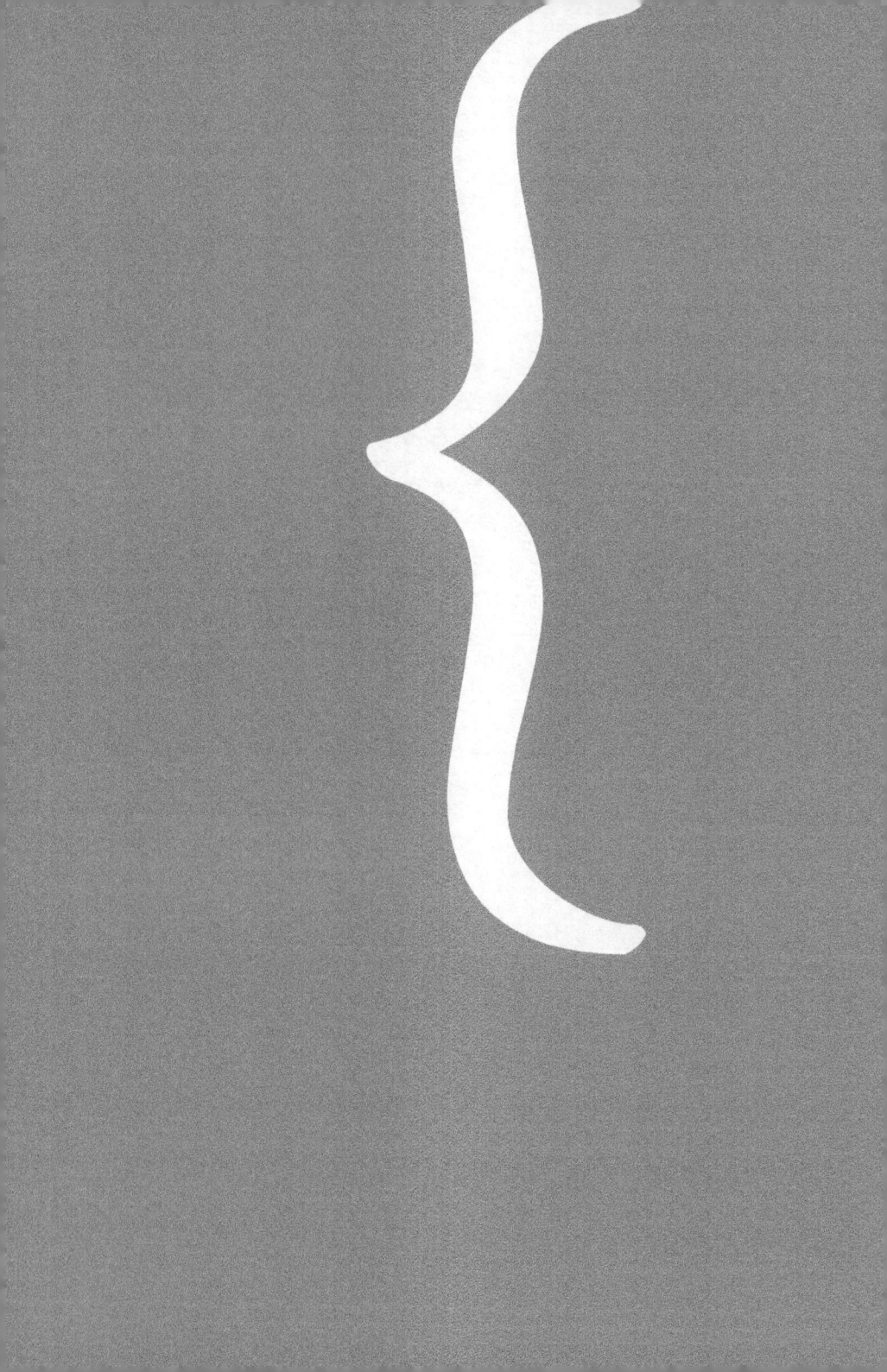

> *Ler é muito mais que mera decodificação de símbolos gráficos. É decodificar a informação contida em um texto para utilizá-la criticamente. A capacidade de ler nesse nível é um direito de todo homem.*
> Bárbara, 1983, p. 5.

❰ NESTE CAPÍTULO, FAREMOS uma retrospectiva do processo de leitura através dos tempos e, em seguida, passaremos a estudar aspectos práticos da leitura. Conceituaremos o que é ler, o que é e como se lê um texto, tendo em mente que ler ultrapassa a compreensão global deste.

A leitura é um processo indissociável da condição do ser humano, visto que permite a ele interagir com a sociedade. Quando se inicia um processo de leitura é necessário que o indivíduo disponibilize todas as capacidades de que dispõe para se ter sucesso na empreitada. Para isso, estão presentes a capacidade sensorial, a percepção, a aprendizagem, a motivação, o pensamento, a memória etc., ou seja, um número infinito de competências envolvidas para o êxito da leitura com compreensão.

O conhecimento de alguns aspectos envolvidos na leitura e compreensão de textos escritos revela a complexidade desse ato e a multiplicidade de processos cognitivos que constituem a atividade em que o leitor se engaja para construir o sentido desses textos. Em vista disso, explicitar aos leitores algumas das estratégias necessárias à leitura é com frequência uma tarefa difícil porque a) o objeto de leitura parece indistinto, com tantas variáveis que não se sabe por onde começar a aprendê-lo; b) não se consegue relacionar o texto a um todo maior que o torne coerente; ou c) o texto talvez seja complexo. A leitura compreensiva permeia todos os momentos da vida de um indivíduo, seja nos estudos, seja no dia a dia. Ainda assim, constata-se que o estudante chega ao ensino superior sem dominar o processo de leitura, o que torna o aprendizado dele mais penoso.

De fato, a leitura de um texto escrito abrange muitas das possíveis dimensões do ato de compreender, porque envolve a compreensão de frases, argumentos, provas formais e informais, objetivos e intenções (e muitas vezes ações e motivações); isso ocorre porque existe uma rede de relações sintáticas, lexicais, semânticas e pragmáticas entre frases, períodos e parágrafos que tornam o texto rico demais para se ter uma percepção rápida, imediata e total. Contudo, uma vez compreendido, ele se torna um objeto coerente, pois "É mediante a interação de diversos níveis de conhecimento, como o conhecimento de mundo, o linguístico, o textual, que o leitor consegue construir o sentido do texto" (Cesumar, 2012).

cincopontoum
A leitura através dos tempos

Antes de abordarmos a leitura compreensiva como é entendida e praticada hoje por meio de subsídios da linguística textual e da análise do discurso, faremos um breve relato dos processos de leitura entre os anos 1960 e 1990.

Trataremos aqui das abordagens ou correntes do pensamento que influenciaram a prática da leitura – as abordagens tradicional (Martins, 1992), linear (Leffa, 1999), estrutural-behaviorista (Coracini, 1995), estrutural-global (Germain, 1993), cognitiva e comunicativa (Foucambert, 1994). Um breve retrospecto de cada uma dessas abordagens certamente auxiliará no entendimento dos avanços do atual processo de leitura compreensiva.

A leitura na abordagem tradicional
A abordagem tradicional se apoia sobre a hipótese de que existe uma estrutura universal para as línguas e, portanto, de que a leitura consiste no domínio de vocabulário, gramática etc.

A leitura linear
A leitura linear é uma leitura decodificadora, na qual se lê palavra por palavra e, frequentemente, o leitor interrompe a sua leitura a cada dificuldade que encontra.

A leitura na abordagem estrutural-behaviorista

A abordagem estrutural-behaviorista se apoia sobre o modelo estruturalista de Bloomfield associado às teorias behavioristas de condicionamento. Não há lugar para a leitura, mas para a prática de automatismos. Nesse contexto, a leitura é secundária e a prática visa ao domínio do sistema fonológico da língua: a leitura é feita em voz alta, insistindo-se na pronúncia correta das sílabas ou das palavras, e a atividade frequentemente é concluída por questões de compreensão sem, no entanto, levar em conta, por exemplo, a argumentação do texto.

A leitura na abordagem estrutural-global

A abordagem estrutural-global se apoia sobre a teoria da Gestalt, em que a compreensão deve incidir sobre o sentido global de uma estrutura, de uma organização linguística formal. Contudo, não há espaço para a prática da leitura, muito menos para a leitura compreensiva de um texto. A leitura, se praticada, visa ao domínio do ritmo, da entonação, das pausas adequadas etc.

A leitura na abordagem cognitiva: primeiros passos em direção à leitura compreensiva

A abordagem cognitiva se apoia sobre princípios psicológicos, sendo necessário compreender a estrutura cognitiva do indivíduo – a teoria de mundo que habita a sua mente. Para os cognitivistas, a habilidade de compreender, de entender uma mensagem, está no centro das atividades. Não se deve negligenciar o fenômeno da compreensão, isto é, a forma como o leitor trata a informação para chegar ao sentido ou aos sentidos de um texto.

A busca do sentido no texto é o objetivo principal. O leitor deve ser exposto a uma gama de documentos variados como forma de motivá-lo para a leitura. Na abordagem cognitiva, privilegia-se a comunicação, e os documentos a que os alunos são expostos devem ser autênticos, isto é, jornais, revistas, publicidade etc. A leitura se inscreve no processo de comunicação: o leitor reconstrói a mensagem, devendo, para tanto, ser capaz de dominar o linguístico, o textual, o referencial e o situacional.

A leitura na abordagem comunicativa

De maneira geral, entre os anos 1960 e 1970, a leitura era realizada em voz alta; exigia-se do aluno uma boa pronúncia, mas não se oferecia a ele estratégias de compreensão, não havia preocupação com o contexto e bastava que o aluno respondesse a algumas questões de compreensão. Já na abordagem comunicativa, espera-se que o leitor possa se apropriar do sentido do texto, ser capaz de refletir sobre a escrita, a imagem etc.

Após essa breve retrospectiva sobre o processo de leitura nas diferentes abordagens teóricas, trataremos de questões relativas à interação entre o leitor e o texto, à percepção visual, à organização da memória, ao tratamento da informação, aos modelos de processos de leitura e às habilidades e estratégias de leitura e de bom leitor. O grande desafio no domínio da leitura é manter em equilíbrio as características do leitor, os seus interesses, seus conhecimentos anteriores e as características do texto, tais como os critérios de seleção, a estrutura textual e os estudos contextuais e semânticos.

cincopontodois
O ato da leitura

O ato de ler é uma atividade complexa que supõe um leitor, um texto e a interação entre um leitor e um texto. Ler um texto significa ser capaz de extrair e apreender as informações nele contidas e sua organização. Isso significa ler além das palavras e das frases, significa ler o texto e o seu contexto. Não basta realizar um levantamento de informações, é preciso ir além, a fim de compreender as relações que se estabelecem entre as informações apresentadas. Contudo, grande parte do público leitor tem demonstrado que a grande dificuldade encontrada na leitura de um texto está em reconhecer e nominar as relações indicadas não só pelos articuladores, como também por outros componentes do texto. Se o leitor não compreende que determinada parte do texto mantém, por exemplo, uma relação de oposição dentro de uma frase ou parágrafo, não é adequado falar em compreensão do texto, sabendo-se que parte do texto está comprometida pela não compreensão.

De acordo com Coracini (1991), um grande problema para a compreensão de textos parece advir da dificuldade de compreender as relações sintático-semânticas do texto, impossibilitando o leitor de acompanhar o raciocínio do autor e a coerência lógica do texto, para qual corroboram explicitamente unidades como anáforas e catáforas (o que já foi dito ou o que vai ser dito), articuladores retórico-lógicos responsáveis pela relação lógica entre as frases e a organização do texto.

Sabendo-se que um texto é uma organização, um sistema de relações entre as ideias e os enunciados, muitas das dificuldades de uma boa leitura provêm de uma interpretação inadequada ou insuficiente das relações que nele se estabelecem. Se tomarmos como exemplo um texto da mídia escrita (uma revista, uma publicidade etc.), percebemos que, enquanto busca compreender as imagens contidas no texto, o leitor explora os dados temáticos; não há, por assim dizer, dificuldades a serem superadas. Estas surgem no momento de identificar as relações sintático-semânticas, discursivas e enunciativas, pois não basta saber do que trata o texto, mas também entender, de um lado, todas as relações que unem os personagens e, de outro, as diferentes vozes, inclusive a do autor, que se exprimem no texto (citações diretas ou indiretas, recursos à opinião geral etc.). Compreender um texto não é somente compreender o(s) tema(s) sobre o(s) qual(is) ele discorre, mas também apreender o que é dito sobre esse tema.

Muitas vezes o que impede o leitor de ter acesso às informações contidas nos textos são a falta de conhecimento e as deficiências no aprendizado da língua materna, que comprometem, em muito, a formação do indivíduo sob o aspecto da leitura, da produção, do estudo e da compreensão do texto.

> [O leitor competente] não é mais aquele que recebe a mensagem escrita de alguém, mas aquele que é capaz de, numa atitude ativa e criativa, acionar conhecimentos relevantes no momento adequado, relacionar, inferir, perceber as intenções do autor, através da linguagem por ele empregada, através dos dados do próprio texto. O leitor competente será, pois, aquele que souber

> recorrer às imagens, aos gráficos (dados icônicos), ao título, subtítulos, aos dados enunciativos (autor e leitor para quem foi produzido o discurso), aos elementos temáticos e à estrutura do texto e por que não? – à microestrutura responsável pela coesão lógica do mesmo. Será, concluindo, aquele que for capaz de utilizar de forma adequada os dois processamentos: descendente/o ponto de partida é a formulação de hipóteses apoiada nos conhecimentos prévios do leitor/e ascendente/o ponto de partida é o linguístico, isto é, os elementos gramaticais/, privilegiando o primeiro numa compreensão inteligente e rápida e o segundo como confirmador de hipóteses. (Coracini, 1991, p. 15-16)

A leitura de um texto escrito permite que o leitor imprima à sua leitura o seu ritmo próprio ou adapte-se às circunstâncias. O leitor é livre para ler, reler, parar quantas vezes achar necessário até chegar a uma compreensão. A baixa compreensão de textos se deve, sobretudo, à falta de exposição do indivíduo a textos tipologicamente diferentes, ao desconhecimento da importância de conhecimentos prévios – ou seja, o que cada ser humano traz consigo, fruto da sua vivência, do seu meio, dos estímulos recebidos etc. –, mas também ao fracasso no seu processo de escolarização. Os alunos chegam ao ensino superior muito mal preparados, sem a competência textual necessária, o que os leva ao não entendimento dos conteúdos específicos de seu curso.

Sobre esse aspecto, Singer e Donlan (1982) discutem que a leitura compreensiva consiste na interação entre os recursos dos leitores e as características do texto. Para que essa interação ocorra, há a necessidade de o leitor utilizar conhecimentos prévios e estruturas de conhecimento preexistentes que se assemelham com a informação contida no texto. Assim, essa interação envolve a utilização de estratégias de leitura, que venham a auxiliar o leitor na aquisição do conhecimento.

cincopontotrês
No princípio, a leitura era assim...

Por volta dos anos 1970, havia uma grande preocupação entre os teóricos em relação ao modo e à qualidade da leitura. Pesquisas demonstraram que a leitura decodificadora e linear não formava leitores ou indivíduos leiturizados.

Estudos foram realizados, estratégias de leitura criadas e as pesquisas em linguística aplicada, linguística textual e análise do discurso, em conjunto, voltaram-se para a seguinte constatação: a de que estratégias de leitura são mais apropriadas para se compreender adequadamente um texto (aqui entendido como todo tipo de produção: oral, escrita, imagética etc.).

Ao abordar a leitura como (co)enunciação, Maingueneau (1996) defende que a concepção estratégica da leitura, por meio de recursos como antecipações e retroações, mobiliza mais conhecimentos não linguísticos do que propriamente linguísticos. Segundo Maingueneau (1996, p. 43), "para abordar um texto, o leitor se apoia em primeiro lugar num conhecimento, por menor que seja, do contexto enunciativo". Esse contexto enunciativo envolve noções como gênero, código da língua, relações intra e intertextuais, conhecimento de mundo, experiências prévias de leitura, enfim, uma gama de elementos que constrói o repertório do receptor, bem como o do emissor.

Em princípio, de acordo com Duke e Pearson (2002) e Kopke Filho (1997), há três momentos iniciais em qualquer processo de leitura: o antes, o durante e o depois. Na **pré-leitura** (o antes), é feita uma leitura global do texto (do título, dos tópicos e das figuras/gráficos), visando a uma análise geral do texto. São feitas predições e há a interferência do conhecimento prévio que cada indivíduo carrega consigo. Na **leitura** (o durante), busca-se entender a mensagem contida no texto, a seleção de informações julgadas importantes e um esboço das informações, predições e conhecimento prévio que interagem para confirmar ou refutar a ideia inicial de compreensão. É o momento de uso de materiais de apoio, como referências e anotações. **Concluída a leitura** (o depois), analisa-se e reflete-se sobre todo o processo para confirmar a compreensão ou buscar novas alternativas para a leitura daquele texto específico.

Teóricos como Kleiman (2000, 2004), Kato (1999), Foucambert (1994) e Moirand (1990) preconizavam a abordagem global do texto e, consequentemente, uma leitura global, aquela que permitia depreender o sentido geral de um determinado texto. Assim, era necessário, quando do ensino, conscientizar o leitor das estratégias de leitura que ele já utilizava inconscientemente para compreender um texto. É preciso levar em conta as seguintes questões:

- cada leitor é um leitor;
- cada texto é um texto;

- um texto é passível de *n* leituras;
- um mesmo texto será lido diferentemente por leitores diferentes;
- um mesmo texto será lido diferentemente pelo mesmo leitor em momentos diferentes da sua vida;
- o mesmo texto será lido diferentemente segundo o objetivo proposto.

Na leitura de um texto, há certo número de etapas a serem observadas para uma abordagem global do que é lido. Há, em princípio, pelo menos duas formas de abordar a informação nova para desenvolver a competência de leitura: a **formulação de hipóteses**, apoiada nos conhecimentos prévios do leitor, e o **aspecto linguístico**. Privilegiar uma ou outra depende:

- do tipo de discurso (texto) e de suas características;
- da organização textual;
- do projeto de leitura;
- das competências do leitor (conhecimentos prévios, temático, discursivo, textual, linguístico etc.).

Kopke Filho (2001, p. 59), que desenvolve pesquisas na área da metacognição, descreve a atitude do leitor diante do texto da seguinte forma:

> *o conhecimento dos próprios processos cognitivos sobre si mesmo (pontos fortes, pontos fracos, preferências pessoais); sobre a tarefa (níveis de dificuldade, demandas) e sobre o uso de estratégias (quais, quando, por que e para que). E, como segundo aspecto, a regulação e o controle do comportamento, considerando-se a*

existência de três tipos de controle: planejamento, que envolve a organização de uma sequência de atividades, que são apropriadas para a leitura; *monitoramento,* que se refere à capacidade do sujeito de supervisionar o seu próprio processo de leitura; e *regulação,* que auxilia o aluno a modificar seu comportamento de estudo e permite que melhore suas dificuldades de compreensão.

Buscamos aqui traçar um breve panorama do processo de leitura em seus diversos momentos de desenvolvimento, de forma a melhor compreender a leitura que se pratica hoje e que tem de contribuir, entre outras funções, para a formação de indivíduos críticos e atuantes na sociedade.

5.3.1 Formulando hipóteses

A formulação de hipóteses facilita a compreensão porque permite uma identificação rápida dos personagens, uma vez que é possível determinar as relações que os unem e as operações realizadas pelo texto, eliminando interpretações apressadas e, muitas vezes, impossíveis. Esse trabalho articula o semântico, o pragmático e o morfossintático. Assim, a partir de uma coerência semântica postulada pelo discurso, o leitor levanta índices que sejam capazes de explicar e preencher alguma lacuna com a qual ele se depare no texto. Embora ainda ao nível hipotético, ele prossegue sua leitura, procurando confirmar ou infirmar o significado encontrado. A leitura se processa, pois, de forma não linear.

Verificar as hipóteses serve não apenas para evitar que o aluno retorne a uma leitura de decifração e linear, unidade por unidade, mas também para, num movimento constante, do texto para o leitor e do leitor para o texto, realizar a construção do sentido. A construção do sentido não se processa pela adição de significações cujos termos de igual valor se sucedem numa ordem linear, mas como uma construção que supõe como normal a existência de fases de elaboração, nas quais fica suspenso, embora provisoriamente, o sentido de uma frase ou de uma relação interfrástica.

5.3.2 Privilegiando o aspecto linguístico

Iniciar a leitura de um texto privilegiando o aspecto linguístico é uma prática não tão comum, pois ela pressupõe que, de alguma forma, o leitor conheça a matéria linguística que compõe o texto. Contudo, é possível considerar esse método, sobretudo nas leituras de textos de especialidade, em que o uso de termilogias ocorre com mais frequência.

Há certo número de etapas a serem consideradas na leitura de textos, independente de a informação aí contida ser, inicialmente, apreendida por meio do linguístico ou das hipóteses.

A primeira e mais comum entre elas é a apropriação do texto pelos dados icônicos, isto é, pela imagem do texto, a fim de analisar como ele está distribuído na página, bem como identificar e relacionar essas imagens. Verificam-se inicialmente os parágrafos, os títulos, os subtítulos e as notas de rodapé. Em seguida, os quadros, os gráficos, os esquemas, as ilustrações (fotos, desenhos etc.) e os detalhes no texto, como a pontuação, as aspas e os parênteses.

Finalmente, a tipografia (letras em negrito, caixa-alta, oposição do tipográfico pequeno/grande etc).

Após o estudo da imagem do texto, começa a exploração dos dados temáticos. São as palavras no texto que fazem referência ao tema. Quando o conteúdo do texto for familiar ao leitor, ele terá facilidade em identificar as palavras que se referem ao tema e esse trabalho se constituirá no principal fio condutor para a compreensão.

As questões-guia permitem estabelecer quais são as relações que existem entre os personagens e as operações estabelecidas no texto. Estas são frequentemente complexas e se exprimem por meios linguísticos (verbos, advérbios, conectores etc.), em geral menos identificáveis do que os que se referem aos personagens (substantivos, nomes próprios etc.). Entre as possíveis questões-guia, é desejável que o leitor, diante do texto, possa identificar:

+ Quais são o **assunto** e o **tema** do texto?
+ Quando e por que esse texto foi escrito?
+ Qual é a **conclusão do autor**?

Em seguida, devem ser observados nos textos os dados retóricos que servem para distribuir a matéria. Por exemplo, analisando um texto podemos encontrar primeiramente o marcador. Isso significa que o escritor vai dividir determinado conteúdo em duas partes ou mais. Pode-se prever então outros marcadores, como "em segundo lugar", "em seguida" ou "finalmente".

Os articuladores lógicos e discursivos, quinta etapa na leitura atenciosa de um texto, são os elementos que explicam uma relação lógica entre os diferentes argumentos apresentados pelo autor, ao nível tanto da frase quanto dos parágrafos, e que sublinham as diferentes etapas de um texto argumentativo. Por exemplo, na frase, os articuladores *mas* e *contudo* estabelecem uma relação de oposição, e o articulador *então*, uma relação de conclusão – a qual, no parágrafo, pode ser indicada por *concluindo* ou *em resumo*.

A sexta e última etapa é a análise dos dados enunciativos, que aborda as condições de produção do texto e por meio da qual é possível identificar a opinião do autor: verificação da existência de comentários críticos, do emprego de um vocabulário especial e, também, do público a que o texto visa atingir.

Essas etapas não precisam e não devem ser rigorosamente observadas, tendo em vista que a leitura de um texto deve atender mais a procedimentos flexíveis do que a princípios rígidos – se levado em conta o projeto de leitura e o objetivo que se pretende atingir em uma determinada leitura.

Finalmente, para desencadear o processo de leitura, a capacidade de fazer um "voo livre" em um texto ou verificar se o leitor atingiu a compreensão de determinado texto, pode-se, por exemplo, fazer um resumo do conteúdo lido. Para Sprenger-Charolles (1980), só se é capaz de resumir um texto se o leitor compreendê-lo – e o leitor só compreende um texto se for capaz de resumi-lo. Em sala de aula, é possível averiguar se os alunos compreenderam um texto com questões que incidam, sobretudo, sobre a argumentação do texto.

Fixando conceitos

Após a leitura das seções anteriores, reflita sobre o seu processo de leitura na atividade prática. Verifique entre os itens relacionados a seguir aqueles que você conscientemente utiliza para ler:

- levantar hipóteses;
- antecipar ideias;
- observar as imagens;
- observar a estrutura do texto;
- reconhecer o tema;
- determinar a ideia principal do texto;
- mobilizar os seus conhecimentos das novas ideias contidas no texto;
- observar indícios no texto que o leve a melhor compreensão;
- relacionar os diferentes elementos do texto.

A título de curiosidade, você pode complementar a compreensão do seu processo de leitura consultando o artigo a seguir:

CANTALICE, L. M. Ensino de estratégias de leitura. Psicologia Escolar e Educacional, v. 8, n. 1, p. 105-106, jun. 2004.

cincopontoquatro
Preocupações com a leitura que ultrapassam a compreensão global do texto

Os estudos sobre leitura, sejam da linguística, sejam da psicolinguística, entre outras áreas, são unânimes quando afirmam ser a leitura um processo cognitivo-linguístico muito complexo, por envolver aspectos como percepção, compreensão, reflexão, interação com o autor e integração com as experiências anteriores do leitor. Se este, por algum motivo, não sabe ou não consegue fazer interagir na leitura esses diferentes aspectos, certamente terá dificuldades em construir o sentido de um texto escrito.

Para os estudiosos da leitura, o ato de ler pode ser entendido como um conjunto de habilidades a serem desenvolvidas pelo leitor competente e, para isso, é necessária a prática em textos autênticos, a fim de apreender as estratégias de leitura e aperfeiçoar a compreensão textual.

Há muitas formas/estratégias de abordagem de um texto para se empreender uma leitura compreensiva. O aluno de língua materna, por exemplo, que já domina o linguístico, após a leitura inicial do texto, pode seguir os cinco passos listados a seguir de forma a melhor apreender o sentido do texto:

1. Encontrar partes significativas do texto.
2. Estabelecer relações de sentido e de referência entre certas partes do texto.
3. Estabelecer coerência entre as proposições do texto.
4. Avaliar a verossimilhança e a consistência das informações.
5. Inferir o significado e o efeito pretendido pelo autor do texto.

Estratégias podem ser entendidas como métodos de abordagem de um problema ou tarefa e modos de atuação para alcançar um determinado objetivo. As estratégias de leitura, especificamente, caracterizam-se por serem planos flexíveis que os leitores usam, adaptados aos diferentes tipos de textos. Pellegrini (1996) destaca que as estratégias de leitura variam de acordo com o material a ser lido e a abordagem ou o plano elaborado previamente pelo leitor para facilitar a compreensão do texto.

Verificamos entre os leitores falhas significativas no que concerne a essas habilidades, o que os impedem, por vezes, de reconhecer as relações que se estabelecem num texto nos níveis sintático-semântico, discursivo e enunciativo. As dificuldades passam pela capacidade do leitor de perceber a função coesiva dos operadores, verificar em que medida esses articuladores estabelecem relações entre partes dos textos e das partes com o todo, bem como o papel dos modalizadores e as vozes subjacentes ao discurso, reduzindo consideravelmente o referencial do texto e impedindo-os, com frequência, de identificá-lo como um todo coesivo e coerente.

Segundo Kleiman (1989b), as dificuldades em leitura remontam às escolas de nível fundamental e médio. A autora identificou, como uma das causas da leitura sem compreensão, o desconhecimento, por parte dos alunos, do papel desempenhado pelos operadores e modalizadores, levando-os ao completo desconhecimento das vozes que se alternam ou se somam em um discurso. De acordo com Kleiman (1989b, p. 44),

> *a dificuldade que o aluno tem de perceber no texto as relações básicas entre sentenças e sequências textuais, assim como a função coesiva dos operadores, leva, na leitura, a não percepção de articuladores microssintáticos do texto.*
>
> *[...] a incapacidade do aluno de perceber a função dos modalizadores, o que leva, na leitura, a uma espécie de redução referencial do texto.*

Entre os aspectos abordados por Kleiman, os citados anteriormente evidenciam dificuldades importantes a serem resolvidas ou, ao menos, minimizadas no processo de leitura; elas demonstram haver níveis que requerem um ajuste no processo de formação de leitores e que, por outro lado, por não serem dominadas, atestam a deficiência dos leitores nessa competência. Se Kleiman, em seus estudos, já constata uma leitura precária no ensino de base, é possível compreender porque tais deficiências se estendem à universidade.

Ler e não compreender não acarreta prejuízos restritos àquela tarefa imediata que o aluno está realizando. Seus danos vão muito além de ser capaz de desempenhar atividades tão corriqueiras na aprendizagem, como "leia e diga o que entendeu" ou "responda às seguintes perguntas de acordo com o texto". Na escola de base, essas atividades já são, com frequência, mal realizadas, de modo que, na universidade, os alunos por vezes se veem impossibilitados de resolver semelhante exercício. Chegam, assim, ao ensino superior sem ao menos ter internalizado esse nível de aquisição. Ora, sem compreensão dificilmente haverá cidadãos leiturizados, proficientes em leitura compreensiva, em produção escrita e expressão oral.

Se tomarmos a universidade como universo de pesquisa, com frequência trabalha-se com alunos que apresentam uma leitura bastante deficiente, sem compreensão. É provável estar diante de um problema que envolve a tradição escolar, em que a leitura linear é privilegiada pelo docente e, em seguida, incorporada pelo discente, que vê o texto como uma sequência de sentenças independentes cuja significação pode ser determinada dentro dos limites sentenciais. Essa técnica de leitura não permite (e, ao mesmo tempo, atrasa) o uso inteligente de estratégias que deem conta do contexto não imediato na depreensão de sentido. São comuns práticas de ensino em sala de aula que reduzem a abordagem às articulações internas ao texto, desconsiderando o funcionamento destas no discurso (Orlandi, 1981).

Fixando conceitos

É importante conhecer as pesquisas que se realizam no âmbito da leitura compreensiva. A seguir, sugerimos alguns títulos relativos a pesquisas na área. Escolha, no mínimo, um deles, leia-o e tome notas. Você pode adotar a técnica de resumo. Em linhas gerais, resumir um texto, condensando-o à sua estrutura essencial, significa não perder de vista três elementos:

1. as partes essenciais do texto;
2. a progressão em que elas aparecem no texto;
3. a correlação entre cada uma das partes.

Para auxiliá-lo nesta atividade, sugerimos a leitura dos seguintes capítulos das obras *Leitura: textos e pesquisas* e *Psicologia: tópicos gerais*, organizadas por Geraldina Porto Witter:

CASTILHO, H. V. de. A leitura de textos literários vs textos científicos por leitores incipientes. In: WITTER, G. P. (Org.). Leitura: textos e pesquisas. Campinas: Alínea, 1999. p. 55-64.

OLIVEIRA, M. H. M. A. Comportamento de leitura do estudante universitário. In: WITTER, G. P. (Org.). Leitura: textos e pesquisas. Campinas: Alínea, 1999. p. 125-139.

Outra leitura sugerida é a do seguinte capítulo:

KOPKE FILHO, H. Aspectos interdisciplinares nos processos da leitura e da compreensão de textos. In: WITTER, G. P. (Org.). Psicologia: tópicos gerais. Campinas: Alínea, 2002. p. 73-84.

Outra questão importante e que gera impacto e dificuldades para os leitores inexperientes é a multiplicidade de textos com os quais os leitores se deparam e de que precisam dar conta para realizar com êxito, por exemplo, as muitas tarefas acadêmicas. Tantas dificuldades têm origem, certamente, na experiência de leitura reduzida oferecida pelas escolas que não preveem a leitura e a construção do significado de um texto como o de jornal ou revista – suportes que visam a um leitor real que não corresponde ao aluno-leitor de um texto didático.

Como esses textos (de imprensa, publicidade, folhetos turísticos, bulas, instruções de jogo etc.) preveem um público mais amplo, que no caso pode ser aquele aluno ou não – o que o desnorteia, pois ele está acostumado a textos que se dirigem somente a ele –, é tarefa árdua para esse leitor se dar conta do seu papel de receptor de uma mensagem cujo autor antecipa as atitudes e as reações de seu interlocutor e cuja situação de enunciação ele não participa. Um leitor despreparado seguidamente lê o texto por ele mesmo, ignorando, em parte, o seu aspecto referencial e, consequentemente, apagando a enunciação que subjaz a qualquer discurso.

Uma marca de entrada do autor para indicar o seu comprometimento com o grau de verdade ou relevância de uma informação só pode ser considerada importante por quem está ciente de que há um autor por trás do texto, um autor cujas crenças, atitudes, pressupostos têm reflexos linguísticos no texto, quando relevantes no contexto. (Kleiman, 1989b, p. 111)

Hoje é possível reconhecer nessa afirmação de Kleiman a realidade presente em qualquer nível de ensino, em que o texto muitas vezes ainda é visto como tão somente um conjunto de palavras. Os indivíduos não leiturizados estão acostumados a considerarem dispensáveis em um texto elementos tais como advérbios e adjetivos, por meio dos quais mais comumente o autor se mostra no texto. Um bom exemplo dessa atitude são os resumos, em que os alunos, para executá-los, adotam estratégias de cópia e apagamento das informações, fazendo com que desapareçam em seu texto as classes de palavras, como adjetivos e advérbios. No meio universitário, o resumo é bastante solicitado e, muitas vezes, o aluno se empenha em disfarçar a origem do texto. Estratégia duplamente falha: uma porque se trata de uma cópia e outra porque copiou mal, negando, seguidamente, a fonte. Consequentemente trata-se de um resumo que não aborda o conteúdo do texto, demonstrando, certamente, que não houve compreensão.

Ler linearmente, ignorar a fala do autor na estrutura superficial e profunda do universo textual e apresentar uma experiência de leitura reduzida que inclui, com raríssimas exceções, o desconhecimento da diversidade de textos existentes, é a formação que apresentam os alunos ao entrarem na universidade, comprometendo o desempenho deles no curso.

É importante que o leitor, diante da infinidade de tipos de texto, reconheça a organização peculiar a cada leitura de um gênero diferente. Assim, poderá perceber que a estrutura narrativa é mais comum de ser encontrada em um conto ou um romance, mas também em determinadas notícias em apresentações de fatos políticos, por exemplo. Uma estrutura descritiva é mais comum em guias turísticos, mas também em textos literários, revistas de decoração etc.

O leitor proficiente é aquele que é exposto a uma infinidade de tipos e gêneros textuais e, mesmo que não possa dizer explicitamente que se trata de tal ou tal tipo de texto, certamente tem estruturas textuais internalizadas que facilitam a compreensão do novo texto.

O leitor ideal, segundo Kleiman (2004) e Moirand (1990), é aquele que apresenta uma tripla competência: a competência linguística (modelos sintático-semânticos da língua), a competência discursiva (organização retórica e dimensões pragmáticas do texto) e um conhecimento das referências extralinguísticas dos textos (experiência vivida, *savoir-faire*, bagagem sociocultural e percepção "cultivada" que se tem do mundo). Estar ciente da existência dessas competências e procurar dominá-las é fundamental para o sucesso de uma leitura competente.

Kleiman (1989a) apresenta o perfil do leitor competente, o qual deve, em algum momento da aprendizagem, dar-se conta da importância do seu conhecimento de mundo como agente no processo de leitura. O conhecimento do mundo (largamente explorado pela semântica cognitiva e procedimental), bem como o grau com que esse conhecimento é partilhado pelo produtor e receptor do texto, refletem-se na estrutura informacional do texto, entendida como a distribuição da informação nova e dada nos enunciados e no texto, em função de fatores diversos:

o conhecimento do mundo do leitor é marca de leitor proficiente, quando utilizado juntamente com outras fontes de informação textuais, de nível fonológico, morfológico, sintático, semântico-pragmático, num processo de contínua avaliação de nossas expectativas sobre o texto e o quadro referencial de fato elaborado pelo autor. Assim, numa visão de leitura como interação [...] entre dois sujeitos, não há apenas uma leitura ou uma interpretação possível; duas interpretações diversas podem ser igualmente aceitáveis, adequadas, desde que ambas sejam respostas ao texto concebido como uma unidade significativa do discurso, embora deva haver convergência entre os leitores sobre o conteúdo referencial do texto, especialmente sobre o seu conteúdo referencial específico. Podemos então considerar que quando o texto é apenas concebido como uma série de estímulos para um processo de associação aleatória não temos leitura. (Kleiman, 1989a, p. 92)

Durante o processo de compreensão de um texto, o leitor, longe de ser passivo, faz intervir vários tipos de hipóteses: as hipóteses globais sobre o conteúdo do texto e as hipóteses reforçadas pela forma do documento e de seu suporte visual e gráfico etc. Em seguida, para ajudar a reconstruir o(s) sentido(s) do texto, faz-se necessário intervir nas hipóteses mais finas e mais elaboradas, sobretudo de ordem semântica. O prosseguimento da leitura leva à confirmação ou à refutação das hipóteses anteriores e à formulação de outras. Também existem as previsões, que são procedentes dos modelos sintático-semânticos da língua de referência do texto. Para compreender um texto são necessários certos conhecimentos extralinguísticos sobre o domínio de referência textual, assim como a capacidade de neles induzir as suas dimensões pragmáticas.

Como ler um texto?

Confira a seguir as diferentes operações que, em princípio, constituem o processo de leitura:

a. Entender a situação de comunicação, composta pelos seguintes itens:
   + as circunstâncias de criação e de transmissão da mensagem (data, autor, contexto espaço-temporal);
   + ao tamanho do texto (integral/extrato)
   + à natureza (texto original/tradução);
   + ao leitor (público a que se destina);
   + a intenção dominante (divertir, informar, persuadir).
b. Compreender a organização geral do texto de modo a entender as suas micro e macroestruturas:
   + disposição na página;
   + organizadores textuais;
   + relações implícitas.
c. Fazer um levantamento de aspectos particulares da enunciação.
d. Compreender as relações que se estabelecem entre as unidades lexicais, morfológicas e sintáticas.
e. Estabelecer uma relação entre as informações levantadas e aquelas de que dispõe a nossa memória (conhecimento de mundo, partilhado) de forma a compreender o texto.

Síntese

Ler significa reconhecer a organização do texto, compreender o implícito e o explícito nele contido, distinguir o que é essencial e avaliar a informação. Em uma leitura competente, as palavras são percebidas globalmente no discurso e o sentido de um texto é percebido por meio de sua organização linguística. Os articuladores, as palavras-chave e as relações anafóricas são também marcas para o leitor, que surgem do contexto linguístico, mas que vêm esclarecer o saber anterior do leitor e seus conhecimentos extralinguísticos. A reconstrução semântica que implica o processo de compreensão advém igualmente de uma percepção mais cuidadosa das unidades linguísticas mais longas. Finalmente, após uma percepção do todo do texto, entram em ação os dados referentes à experiência de mundo, do dia a dia do leitor, e o conhecimento dos modelos sintático-semânticos de sua língua.

Atividades de autoavaliação

Leia com atenção as perguntas a seguir e escolha a alternativa que corresponde ao processo de leitura de um leitor leiturizado.

1. Uma boa leitura de jornal exige:
   a. ler o texto de maneira linear e de uma única vez.
   b. percorrer rapidamente o texto para apreender o sentido global.
   c. acreditar que entender a estrutura do texto é uma perda de tempo.

d. entender que a organização do texto não influencia na compreensão.
e. prestar atenção ao sentido de cada palavra.

2. Para ler um texto em língua estrangeira, você deve:
a. pular as palavras que não compreende e se apoiar no contexto para melhor compreender o texto.
b. sublinhar as palavras desconhecidas.
c. consultar no dicionário todas as palavras desconhecidas.
d. traduzir o texto.
e. abandonar a leitura em virtude das dificuldades.

3. Em princípio, para a leitura de um texto em uma língua estrangeira que o indivíduo não domina, qual seria a estratégia inicial mais adequada?
a. Ler todo o artigo sem pular uma linha ou palavra.
b. Percorrer rapidamente o texto e, em seguida, fazer uma leitura detalhada se o assunto lhe interessa.
c. Observar inicialmente o título, a seção em que o texto se encontra e as ilustrações e formular hipóteses.
d. Dispensar o conhecimento de mundo que você tem sobre o assunto.
e. Deter-se em questões gramaticais.

4. Quando você lê um texto que não é da sua área de conhecimento, o que você deve privilegiar para melhor compreendê-lo?
a. O significado de cada palavra.
b. O significado de cada parágrafo.

- c. O significado de cada frase.
- d. O levantamento de hipóteses a fim de procurar confirmá-las no texto.
- e. O significado da área de especialidade.

5. Considerando que, para fazer uma pesquisa, você deve ler um texto teórico e, em seguida, resumi-lo, das alternativas a seguir, qual lhe parece estar de acordo com um exercício de resumo?
   - a. Memorização do texto.
   - b. Apontamentos somente sobre a informação que lhe interessa.
   - c. Leitura do texto do início ao fim, seguida de anotações.
   - d. Leitura, apontamentos das informações que parecem ser importantes e estar de acordo com os objetivos da pesquisa e, na sequência, escrita do resumo com as próprias palavras.
   - e. Observação da organização do texto.

Atividades de aprendizagem

Questão para reflexão

> Com base em suas leituras, seu conhecimento de mundo e partilhado e sua experiência profissional, reflita sobre as seguintes questões: É importante dominar com qualidade a língua materna para se aprender uma língua estrangeira? O aprendizado de uma língua estrangeira se reflete na qualidade da língua materna que você domina?

Atividade aplicada: prática

Leia um texto da imprensa de sua escolha. Anote cuidadosamente o processo de sua leitura: Você leu primeiro o título? Você preferiu ler as imagens em primeiro lugar? Procurou identificar as fontes? Na sequência, releia este capítulo e procure comparar o seu processo de leitura com o sugerido nesta atividade. Avalie se você é um leitor linear ou não linear e anote as suas reflexões.

Para complementar a sua atividade sobre estratégias de compreensão, sugerimos a leitura do texto a seguir:

KOPKE FILHO, H. Repertório de estratégias de compreensão e conhecimento metacognitivo de professores de língua portuguesa. Psicologia Escolar e Educacional, v. 6, n. 1, jan./jun. 2002. Disponível em: <http://www.scielo.br/scielo.php?pid=S1413-85572002000100008&script=sci_arttext>. Acesso em: 5 maio 2017.

um	A linguística no século XX: uma ruptura em relação aos estudos linguísticos do século XIX
dois	Correntes teóricas da linguística atual
três	Linguística textual
quatro	Teoria do discurso
cinco	Leitura compreensiva
# seis	Linguística aplicada

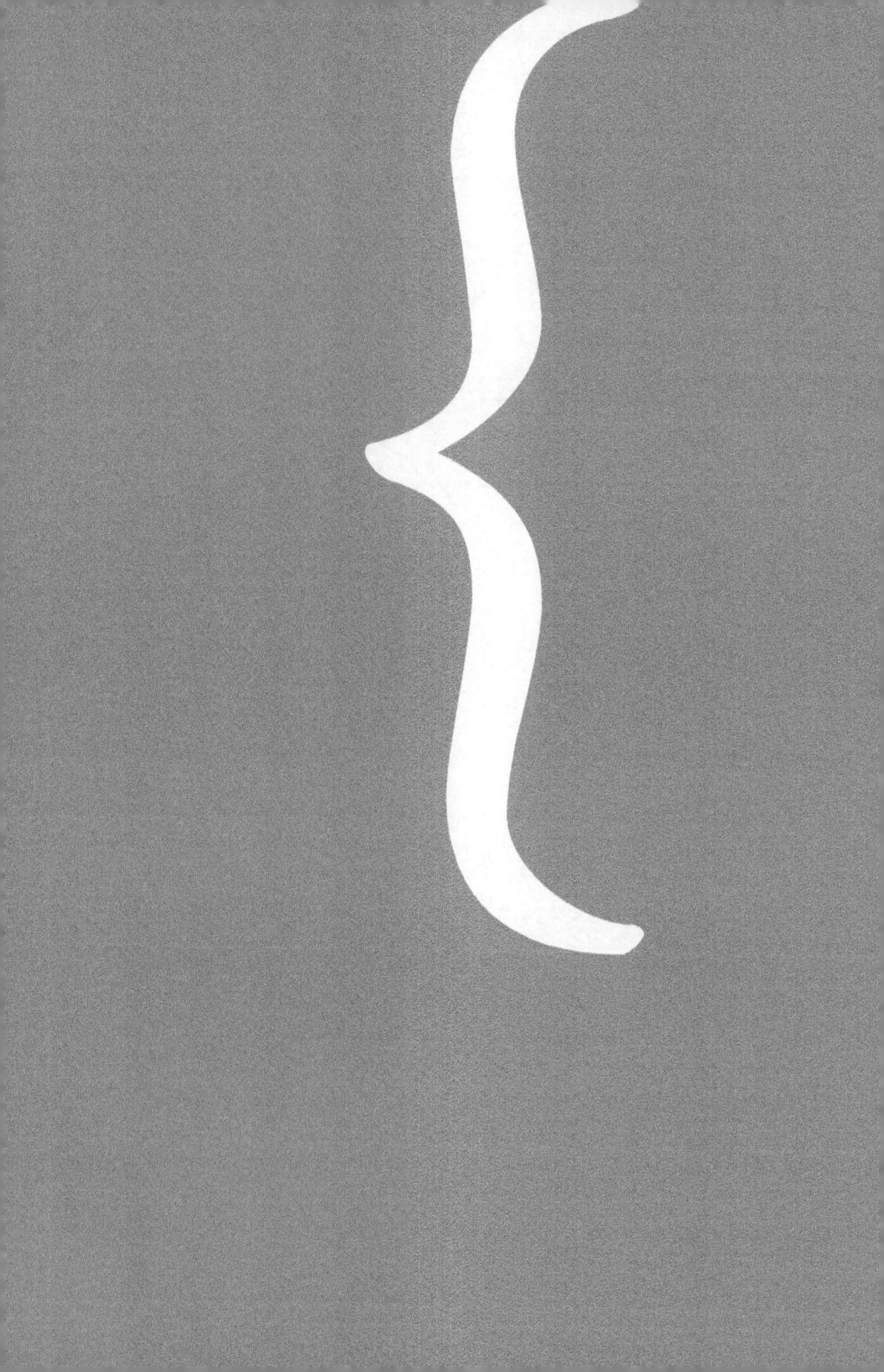

{

> As pessoas internalizam inconscientemente as crenças sobre linguagem durante a vida toda e assim as crenças sobre o que é linguagem, linguagem adequada e assim por diante, variam de indivíduo para indivíduo e são profundamente mantidas.
> Woods, citado por Silva, K. A., 2007, p. 48.

❰ NESTE CAPÍTULO, ABORDAREMOS a **linguística aplicada** (LA) – campo da linguística voltado para o estudo da linguagem como prática social –, perpassando aspectos relativos à trajetória histórica dessa área de conhecimento téorico-prático, bem como às metodologias e às ferramentas utilizadas no desenvolvimento de pesquisas.

A LA trata das práticas sociais da linguagem e, por esse motivo, é considerada uma **ciência empírica e interdisciplinar.** É empírica na medida em que se interessa pela linguagem não como um sistema abstrato com regularidades internas, mas sim como uma fonte atualizada em diferentes práticas sociais (conversação entre amigos, discursos profissionais ou midiáticos etc.). Interdisciplinar por definição, a LA dá uma importância central às dimensões sociais e psicológicas da linguagem. Além disso, os pesquisadores de LA aplicam teorias linguísticas ao ensino de línguas, fonologia, sintaxe etc. e elaboram teorias com base em reflexões sobre essa prática, apoiando-se em noções desenvolvidas nos diferentes campos da LA (aquisição de linguagem sociolinguística, psicologia da linguagem etc.). Esse processo permite compreender melhor (e melhor teorizar) a linguagem por meio do estudo das práticas sociais, bem como apurar o entendimento dessas práticas com base na linguagem.

> Entre os objetos de estudo da LA, estão: i) as pesquisas sobre a aquisição e o ensino de línguas; ii) o bi e o plurilinguismo; e iii) o papel da linguagem nas relações interpessoais, na construção de identidades individuais, nas relações de poder e na configuração de saberes e interpretações do mundo por meio dos discursos.

Como apresentaremos na sequência, a LA, lugar privilegiado do encontro das práticas sociais ligadas a acontecimentos linguísticos, utiliza-se de uma reflexão teórica caracterizada por uma visão sociolinguística da linguagem que privilegia as dimensões contextuais.

seispontoum
Contexto histórico, definição e abrangência da linguística aplicada

Os estudos em LA começaram a se desenvolver no fim da década de 1940. Essa nova forma de investigação da linguística, sem limites rígidos, híbrida e heterogênea, inicialmente visava estudar o ensino das línguas estrangeiras (mais tarde, incluiu-se o estudo da língua materna), observando situações práticas do uso da linguagem e propondo reflexões teóricas sobre ela. No início, as pesquisas em LA seguiam um trâmite para identificar, não apenas no contexto escolar, uma questão de uso da linguagem: primeiramente procuravam subsídios convincentes em áreas relevantes de investigação e, em seguida, analisavam a questão prática e seus possíveis encaminhamentos. Para Cavalcanti (1986, p. 5), a LA "foi vista durante muito tempo como uma tentativa de aplicação de Linguística (Teórica) à prática de ensino de línguas", uma "abordagem científica" dos métodos e técnicas de ensino.

> Quando se deu a criação da expressão *linguística aplicada*, os estudiosos dessa área ansiavam por dar um enfoque prático à linguística científica moderna e tinham o objetivo de serem reconhecidos como cientistas, além de humanistas.

Hoje, o campo de investigação da LA é mais amplo e fecundo, no qual se estuda a linguagem como prática social em diferentes contextos do conhecimento humano. Ainda que seja um ponto de atrito o fato de a LA se considerar uma ciência, é reconhecido que esse ramo de estudo traz para as ciências um novo campo de pesquisa, uma forma multi e transdisciplinar de investigação.

Entre as pesquisas desenvolvidas no âmbito do ensino de línguas, as mais recorrentes tratam de estratégias de aprendizagem, observações sobre a interferência da gramática normativa no discurso dos falantes de língua materna e estrangeira e estudos sobre identidade – sempre sem se dissociar dos aportes da linguística textual e da análise do discurso. As investigações realizadas no âmbito da LA contribuem expressivamente para a compreensão de como o discurso e a interação se realizam no meio profissional, uma vez que, nesse âmbito, comunicações defeituosas podem acarretar graves consequências. O ruído na comunicação profissional pode trazer prejuízos para profissionais das áreas jurídica, médica e educacional; é importante entender, por exemplo, o uso da linguagem forense para melhorar a interação entre advogado e cliente.

O caminho trilhado pelos linguistas aplicados elevou-os ao *status* de executores de programas de ensino que, mais reflexivos, abandonaram o consumo de teorias prontas sobre a natureza da linguagem. Em 1948, a primeira publicação referente ao campo da LA, o periódico *Language Learning* – hoje *Language Learning: a Journal of Research in Language Studies* –, em seu editorial, afirmou que os artigos ali publicados enfatizariam a natureza indutiva da LA, observando a língua em seu contexto real ao deixar de lado questões idealizadas sobre o seu uso. Os artigos tratariam, entre outras questões, da comparação descritiva de duas ou mais línguas, do bilinguismo e do ensino com objetivos específicos.

Nas diferentes publicações sobre LA, observa-se a riqueza dos estudos voltados à diversidade de questões que permeiam a linguagem, assim como a infinidade de contextos em que ela é abordada. As pesquisas desenvolvidas hoje ainda tratam da diversidade de situações que permeiam o ensino-aprendizagem de língua materna e estrangeira. Contudo, como afirmado anteriormente, foram incluídas outras áreas de estudo, entre as quais se destacam: pesquisas em linguística teórica, educação, tradução, análise do discurso, política linguística, letramento, aquisição de segunda língua e, sobretudo, textos que expressam uma preocupação com a implementação de currículos que privilegiem as práticas. Distanciando-se do momento da sua criação, fortemente influenciada pelo estruturalismo e o behaviorismo, essa ampliação do campo de investigação da LA é bastante promissora. Atualmente, os teóricos da LA veem este campo de investigação como muito amplo, uma ausência de fronteiras. No dizer de Candlin (2001, p. 79, tradução nossa),

> a LA desafiou a ideia de uma única meta-teoria para definir uma disciplina e ocupa, essencialmente, aquela posição pluricentrista característica da condição intelectual pós-moderna, tornando-a adaptativa a mudanças e acomodadora das contradições. [...] Essa natureza fragmentada não é algo negativo, pois torna a LA forte, responsiva, dinâmica e vibrante.

Discussões importantes sobre a natureza da LA permeiam os interesses dos linguistas. A maneira mais reducionista de definir esse campo de investigação seria atribuir à linguística o estudo abstrato da língua e à LA o estudo da língua em uso. Essa é a distinção mais corriqueira e reducionista que se faz entre os objetos de estudo da linguística e da LA. Brumfit, citado por Seidlhofer (2003, p. 299), por sua vez, discorda desse ponto de vista, pois, para ele, essa simples distinção não é compatível com a realidade: "Tradicionalmente, a pesquisa em linguística investiga a língua como um fenômeno; recentemente, a pesquisa em linguística aplicada vem investigando a língua como uma prática"

(Brumfit, citado por Seidlhofer, 2003, p. 299, tradução nossa). Os especialistas concordam que ser linguista ou linguista aplicado está mais ligado a que campo da ciência o teórico se filia.

Os teóricos da LA subdividem de várias formas as pesquisas que se realizam no interior desse campo de investigação. Entre eles, temos Cook (2003), que propõe três grandes áreas de pesquisa em LA, as quais se desdobram em diferentes estudos: 1) linguagem e educação, que poderia abranger aquisição de língua materna e língua estrangeira, estudos clínicos e avaliação; 2) linguagem, trabalho e leis, que poderia abranger comunicação no trabalho, planejamento linguístico e linguística forense; e 3) linguagem, informação e feitos, que poderia abranger estilística literária, análise crítica do discurso, tradução, interpretação, edição e lexicografia.

Na visão de Cook (2003), a divisão apresentada é um modelo do que poderia abranger o escopo da LA. Entretanto, assim como as outras ciências, a LA, apesar de complexa, permite uma abertura, oferecendo espaço para diversas possibilidades de pesquisa.

seispontodois
Caracterização da linguística aplicada

Durante 20 anos, de 1950 a 1970, criou-se, na França, um grupo de discussão sistemática, a fim de dar à LA o *status* de ciência autônoma e privilegiar aspectos práticos da língua e a testagem no ensino de segunda língua. Para Cavalcanti (2004, p. 25), os estudos em LA realizados no Brasil, ao longo dos anos, tiveram enfoques bem diferenciados: nos anos 1970, voltaram-se para a análise contrastiva; nos anos 1980, ocuparam-se da leitura; e, na década de 1990, concentraram-se no estudo das línguas estrangeiras. Ainda que tenha surgido por volta de 1948, a LA só se consolidou no Brasil na década de 1990. Para Lopes (1996), o Brasil é considerado um dos grandes centros de pesquisa em LA, com expressiva participação em congressos internacionais.

É importante também ressaltar que a década de 1980 foi próspera na criação de programas de pós-graduação e de associações de professores de línguas estrangeiras, contribuindo para a reafirmação da LA no Brasil. No país, o início dos trabalhos em ensino instrumental de línguas se deu com a criação do Projeto Nacional de Ensino de Inglês Instrumental na Pontifícia Universidade Católica de São Paulo (PUC-SP), fruto de reflexões em LA. Esse projeto, originado da percepção da necessidade de existência de profissionais com domínio em uma língua estrangeira como instrumento de trabalho, buscou atender às necessidades dos alunos que frequentavam cursos de pós-graduação.

O período de implementação e desenvolvimento do ensino de línguas instrumentais (1980-1989) promoveu, no âmbito da LA, pesquisas que refletem as necessidades dos alunos, além da criação de oficinas de trabalho, espaços adequados para apresentação de pesquisas, produção de material didático etc. Segundo relato da professora Maria Antonieta Celani, citada por Lopes (1996),

> este era o momento para se privilegiar o processo e não ensinar a fazer uso de um produto, ao invés de o programa de

treinamento profissional ser avaliado por resultados de testes como era de praxe, os próprios participantes eram convidados a discutir e reportar as suas experiências com o Projeto. Desta forma, lançou-se a avaliação participativa, uma decisão pioneira não só no Brasil, mas no resto do mundo.

Hoje é possível ter uma visão de temas, métodos de pesquisa e teorias produzidas internacional e nacionalmente em LA graças ao projeto desenvolvido na década de 1980 por bolsistas do Conselho Nacional de Desenvolvimento Científico e Tecnológico (CNPq). A pesquisa aponta para o seguinte resultado:

- **Temas predominantes** – Ensino e aprendizagem de línguas, aquisição de segunda língua, análise de interações orais, vocabulário, letramento na escrita, análise do discurso, metodologias de ensino de línguas estrangeiras e formação de professores.
- **Teorias recorrentes** – Teoria sociocultural (pelo viés de Vygotsky), *Selfdetermination*, sociointeracionismo, teoria bakhtiniana, análise do discurso da linha francesa e análise crítica do discurso*.
- **Metodologias de pesquisa mais utilizadas** – Pesquisas experimental, bibliográfica, descritiva, por estudos de caso, exploratória, etnográfica, por revisão de literatura, de ensaio e análise de *corpus*. Alguns artigos explicitavam apenas o instrumento de coleta: questionários, testes, entrevistas,

---

* A conclusão da pesquisa sobre as teorias é que as pesquisas desenvolvidas em LA nem sempre esclarecem os pressupostos teóricos que utilizam.

gravações em áudio e/ou vídeo, observação de aulas, análise de *corpus* etc.

Os levantamentos demonstraram que as pesquisas em LA, sejam nacionais, sejam internacionais, abordam temas comuns. Para Menezes, Silva e Gomes (2009),

> *Ser ou não um linguista aplicado é hoje muito mais uma questão de afiliação ideológica do que de identidade epistemológica. Tanto é assim que temos pesquisadores trabalhando com questões de ensino que se rotulam como linguistas e outros trabalhando com questões de linguística textual que se rotulam como linguistas aplicados.*

As fronteiras antes tão delimitadas entre a linguística e a LA agora parecem inexpressivas, inclusive porque levantamentos demonstram que pesquisas formais nessas áreas de conhecimento diminuíram muito. A ênfase maior em pesquisa está voltada para os estudos do discurso, do texto e da aprendizagem. Já a LA atualmente dedica-se mais a questões ligadas à identidade, divergências epistemológicas e pesquisas de base psicanalítica, todas voltadas para os estudos sociais.

O levantamento dos temas, teorias e métodos mais frequentemente utilizados em pesquisas em LA deixa clara a contribuição dessa ciência para o enriquecimento da pedagogia, o ensino de línguas maternas e estrangeiras, a formação de professores, além de estudos relevantes na área do bilinguismo.

É consenso entre os pesquisadores que os avanços nas pesquisas desenvolvidas pela LA dependem hoje dos avanços significativos dessa ciência. O papel desempenhado pela LA nos estudos voltados para a formação de professores é o de conscientizar docentes quanto à tarefa de formar indivíduos engajados com os problemas da linguagem e seu contexto – ou seja, da linguagem entendida como socialmente construída, cientes da importância do papel que desempenham em sala de aula –, aprimorar a sua prática e produzir materiais adequados às necessidades dos alunos e ao contexto em que estão inseridos. O papel social da LA é promover a maior igualdade possível entre os indivíduos, garantindo políticas educacionais que diminuam as distâncias culturais e de desigualdade social.

seispontotrês
A pesquisa em linguística aplicada

Ainda que a LA desenvolva estudos em diversas áreas do conhecimento, sabe-se que grande parte das pesquisas, não só no Brasil, mas também no exterior, estão voltadas para questionamentos que permeiam o ensino-aprendizagem de língua estrangeira. Repensa-se a forma como a linguagem é empregada em contextos educacionais, bem como se estabelece a interação entre professor e aluno, de forma que é possível melhorar o aprendizado de uma língua estrangeira.

Certamente, é expressiva a evolução na forma como aprendemos e utilizamos uma língua estrangeira em situações de comunicação, visto a necessidade de dar conta das questões culturais que formam a identidade dos indivíduos. A importância de expor o aluno de línguas estrangeiras a situações autênticas de interação garante, em alguma medida, a motivação em sala de aula. O aluno é exposto permanentemente a situações de comunicação que o obrigam a interagir. Partir de situações práticas de sala de aula e investigar formas de aprimorar a prática é dar ao professor a oportunidade de assumir uma postura crítico-reflexiva diante de sua atividade docente. Para tanto, conta-se com os processos típicos de investigação da LA e da interface com a própria linguística, a sociologia, a psicologia, a antropologia, a educação etc., que oferecem contribuições teóricas importantes para o desenvolvimento de pesquisas aplicadas, por exemplo, às situações de ensino.

São ricas as possibilidades de pesquisa em contextos acadêmicos. Como exemplos de atividades de sala de aula que tiveram um crescimento expressivo em qualidade e forma de aplicação, destacam-se a leitura compreensiva de textos escritos, a produção escrita de textos acadêmicos e a aprendizagem de uma língua estrangeira com objetivos específicos. Estudos dessa natureza melhoraram não só a *performance* dos alunos na aquisição de língua estrangeira, mas proporcionaram um salto expressivo no seu desempenho em língua materna (Spack, 2001). Pesquisas que inserem competentemente o aluno em seu próprio meio dão a ele melhor entendimento e domínio do seu discurso, familiarizando-o com as práticas sociais, o que permite uma interação mais competente no ambiente em que ele vive, estuda ou trabalha.

No meio universitário, é frequente observar a dificuldade dos alunos em atividades de leitura e produção de texto. Situação lamentável, se levarmos em conta que são elas as bases do trabalho acadêmico. Se os alunos não são competentes em leitura, dificilmente será diferente a atuação quando do emprego das estruturas gramaticais, da escolha do léxico, da organização do seu texto.

Pensando no desenvolvimento de pesquisas, essas questões práticas da língua em uso permitiriam a um pesquisador o questionamento sobre o que acontece ou não na prática docente; ao devolver o aluno ao mundo, ele não está apto para sozinho enfrentar questões de leitura, produção de texto, organização textual ou domínio do discurso. Preocupações dessa natureza dariam ao professor/pesquisador/professor pesquisador matéria suficiente para investigar as causas desse insucesso. A pesquisa poderia receber os aportes da sociologia e da história, que têm uma visão formada a respeito da produção de texto, ou recorrer à educação e à análise do discurso de forma a encontrar meios que aperfeiçoem o desempenho de alunos e professores no uso de estratégias discursivas e de apreensão de contextos sociais e pedagógicos. Para Silva e Matsuda (2001, p. 241, tradução nossa),

> *É inegável que a linguística aplicada pode auxiliar muito na solução destes problemas de uso da língua porque o seu cabedal de conhecimento possibilita investigarmos o processo de escrita, tanto em língua materna como em língua estrangeira, incluindo o escritor, o leitor, o texto, e o contexto, bem como a interação destes elementos. É possível observar assim, de que forma os escritores em segunda língua podem negociar as suas experiências por meio do uso dos traços textuais no processo de escrita, gerando o texto como um produto resultante da*

interação colaborativa entre professor e alunos, num dado contexto sociolinguístico.

Inúmeras são as pesquisas desenvolvidas e a serem desenvolvidas em LA. São mais de 60 anos de contribuições permanentes em diferentes segmentos dos estudos da linguagem que promoveram um avanço considerável na atuação de professores e alunos. Muitos também são os seminários, congressos, cursos, programas de pós-graduação e publicações que testemunham o crescimento da LA, oferecendo permanentemente soluções que interferem diretamente na melhoria do ensino e aprendizagem.

A LA, por entender a linguagem como prática social inserida em um contexto, colaborou significativamente para uma melhor inserção do homem na sociedade, facilitando o seu diálogo com outras culturas. Certamente, o indivíduo assume com os aportes da LA uma postura crítico-reflexiva na construção da sua identidade por meio da linguagem.

Para saber mais

Os artigos indicados a seguir apresentam pesquisas nos campos de estudo da LA. Procure lê-los para que você possa se situar sobre os estudos dessa área.

CABRAL, S. R. S.; BARBARA, L. Processos verbais no discurso jornalístico: frequência e organização da mensagem. **Delta**, São Paulo, v. 28, p. 581-603, 2012. Edição especial. Disponível em: <http://www.scielo.br/scielo.php?script=sci_arttext&pid=S0102-44502012000300008>. Acesso em: 2 maio 2017.

COUTINHO, M. A. Dos géneros de texto à gramática. Delta, São Paulo, v. 28, n. 1, p. 27-50, 2012. Disponível em: <http://www.scielo.br/scielo.php?script=sci_arttext&pid=S0102-44502012000100002>. Acesso em: 2 maio 2017.

FLORES, V. do N. Sujeito da enunciação: singularidade que advém da sintaxe da enunciação. Delta, São Paulo, v. 29, n. 1, p. 95-120, 2013. Disponível em: <http://www.scielo.br/pdf/delta/v29n1/05.pdf>. Acesso em: 2 maio 2017.

ROCHA, D. Cartografias em análise do discurso: rearticulando as noções de gênero e cenografia. Delta, São Paulo, v. 29, n. 1, p. 135-159, 2013. Disponível em: <http://www.scielo.br/scielo.php?script=sci_arttext&pid=S0102-44502013000100007>. Acesso em: 2 maio 2017.

SABAJ, O.; GONZALEZ, C. Seis propósitos comunicativos no discurso de editores de revistas científicas. Delta, São Paulo, v. 29, n. 1, p. 59-78, 2013. Disponível em: <http://www.scielo.br/scielo.php?pid=S0102-44502013000100003&script=sci_abstract&tlng=pt>. Acesso em: 2 maio 2017.

SILVA, W. R. da. Proposta de análise textual-discursiva do gênero relatório de estágio supervisionado. Delta, São Paulo, v. 28, n. 2, p. 281-305, 2012. Disponível em: <http://www.scielo.br/scielo.php?script=sci_arttext&pid=S0102-44502012000200004>. Acesso em: 2 maio 2017.

Síntese

O objeto de estudo da LA é o estudo da linguagem como prática social em diferentes contextos do conhecimento humano. A pesquisa em LA investiga áreas como linguagem e educação, ensino e aprendizagem de línguas, aquisição de segunda língua, análise de interações orais, vocabulário, letramento na escrita, análise do discurso, metodologias de ensino de línguas estrangeiras e formação de professores. Também é de competência da LA pesquisas experimentais, bibliográficas, descritivas, exploratórias, etnográficas, estudos de caso, revisão de literatura, ensaio e análise de *corpus*. No âmbito do ensino de língua materna e de língua estrangeira, as pesquisas mais recorrentes tratam de estratégias de aprendizagem, observações sobre a interferência da gramática nos falantes de língua materna e estrangeira, estudo sobre identidade sem se dissociar dos aportes da linguística textual e da análise do discurso, compreensão de como o discurso e a interação se realizam no meio profissional, evitando uma comunicação defeituosa. Finalmente, é necessário ressaltar a inestimável contribuição e o avanço que a LA empresta para o enriquecimento da pedagogia, do ensino de línguas maternas e estrangeiras e da formação de professores, além dos estudos relevantes na área do bilinguismo.

Atividades de autoavaliação

1. De acordo com as competências inerentes à LA, assinale a alternativa correta:
   a. A LA só trata da sintaxe da língua.
   b. Cabe à LA estudar a fonética da língua fora do contexto de aprendizagem.
   c. Entre os objetivos da LA está o de sensibilizar os aprendizes de uma segunda língua para as diferenças existentes entre esta língua e a língua materna em termos de sons, paradigmas e sintagmas.
   d. A função da LA é a de resolver problemas específicos de ensino-aprendizagem.
   e. A LA aplicada nasce a partir das reflexões de Saussure.

2. A LA deixa de lado toda e qualquer contribuição das diferentes áreas de conhecimento. Com base nessa afirmação, assinale a alternativa correta:
   a. A LA não estuda a linguagem por meio das práticas sociais.
   b. Na LA não se aplicam as teorias linguísticas às práticas, mas elaboram-se reflexões teóricas a partir das práticas.
   c. É impossível criar teorias a partir do estudo da linguagem.
   d. A prática de sala de aula não se constitui em objeto de estudo da LA.
   e. A LA não se interessa pela língua-alvo nos casos de bilinguismo ou de plurilinguismo.

3. É correto afirmar que a LA desconsidera a comunicação entre usuários de uma língua? Assinale a alternativa correta:
a. A LA é voltada somente para os estudos de teorias de aprendizagem.
b. As questões tratadas pela LA excluem aspectos referentes à comunicabilidade da língua.
c. O intercultural no ensino de língua estrangeira é um aspecto não contemplado pela LA.
d. A LA difere da linguística, sobretudo, pelo trabalho sobre as questões práticas de todos os dias relativas à língua e à comunicação.
e. A sintaxe, a semântica e a fonologia dedicam-se ao estudo da prática da língua estrangeira.

4. Assinale a alternativa que corresponde ao contexto atual da LA:
a. A LA não se preocupa com questões relativas ao ensino-aprendizagem.
b. A LA não pode ser aplicada à ciência da comunicação.
c. A LA não utiliza para seus estudos o arcabouço teórico da linguística.
d. A LA não se serve das contribuições da linguística textual e da análise do discurso.
e. Para o ensino da língua estrangeira, é necessário formar os futuros professores em LA em ensino das línguas e didática de línguas estrangeira e materna.

5. É correto afirmar que a LA surge para invalidar toda a pesquisa realizada até então no campo do ensino de línguas? Assinale a alternativa correta:

   a. Não. A LA aparece para valorizar, utilizar e aperfeiçoar as descobertas da linguística (sintaxe, semântica e fonologia).

   b. Não. Não cabe à LA o estudo dos currículos dos cursos de ensino e aprendizagem da língua estrangeira.

   c. Sim. É de competência da LA o estudo da frase como uma sequência de palavras organizadas de acordo com uma sintaxe.

   d. Não. Não é de competência da LA o estudo das competências linguísticas do emissor.

   e. Não. A LA só é útil para o ensino de língua estrangeira.

Atividades de aprendizagem

Questões para reflexão

1. Quais são os pontos de aproximação e distanciamento entre a linguística teórica e a linguística aplicada?

2. A LA tem como preocupação maior refletir sobre o fazer pedagógico. Já que a LA é transformadora do ensino, qual influência esse campo de estudo exerce para a transformação das políticas pedagógicas?

Atividade aplicada: prática

Leia a obra *Oficina de linguística aplicada*, de Lopes (1996), e aponte, de acordo com a ótica desse linguista, que contribuições a LA traz para o ensino-aprendizagem de uma língua materna ou estrangeira. Em um texto, demonstre a atualidade de seus conceitos ao refletir sobre a sua trajetória como aprendiz de línguas.

{

considerações finais

❰ À GUIA DE conclusão, é importante destacar que os conteúdos tratados nesta obra – principais vertentes de estudos da linguística, visão descritiva das estruturas da língua, descobertas linguísticas aplicadas à prática docente, estudo do discurso na visão da análise do discurso, conhecimentos implicados ao sucesso de uma boa leitura e conceitos da linguística aplicada (LA) – são relevantes para aqueles que desejam iniciar seus estudos no campo da linguística.

No decorrer da obra, você teve contato com elementos que determinaram a evolução da linguística tal como ela é entendida hoje. Nesse percurso, partimos dos postulados teóricos de Saussure, Benveniste e Jakobson até aqueles que norteiam a LA, segmento da linguística considerado jovem, mas que vem contribuindo de maneira expressiva para o ensino da língua estrangeira e as reflexões docentes em sala de aula.

Na elaboração de cada capítulo, selecionamos cuidadosamente elementos e estudos capazes de influir na sociedade, no indivíduo e no indivíduo com o seu meio. Apresentamos estudos que levaram a pesquisa em linguística a ter seu momento de atuação em sala de aula, observando a prática docente e estendendo essa experiência para uma melhor compreensão do ensino-aprendizagem. Com isso, é possível entender como a linguística se desenvolve em diferentes meios e avaliar a prática docente em linguagem tal qual ela se dá hoje, possibilitando a intervenção do pesquisador nesse meio, com objetivo de obter resultados cada vez melhores e transformadores.

Destacamos também os modos como cada momento da evolução no estudo da linguística dialogou/dialoga com o atual estado da arte da linguística. Além da LA, há de se destacar o papel importante que desempenha o fato de ter sido agregado o conceito/ensino da interculturalidade ao estudo de toda e qualquer área de conhecimento.

Em um mundo globalizado, mediado pelas mídias impressas, informatizadas etc., o indivíduo toma consciência das diferenças que permeiam o ser humano e interage com ele de acordo com os padrões de cada sociedade, estabelecendo uma relação dialógica e de completude de cada ser em relação à existência do outro. Isso transforma as trocas estabelecidas em um verdadeiro reencontro intercultural, em que cada ser percebe as maneiras de sentir, de agir e de pensar de cada grupo social. Trata-se não só de aprender a conhecer estratégias interativas diferentes daquelas que existem em sua cultura, mas igualmente a oportunidade de se confrontar com diferentes maneiras de pensar e agir. Tudo isso é possível, no âmbito do estudo da linguagem e da relação do indivíduo com ela, graças ao advento da análise do discurso, que se apoia em *n* áreas de conhecimento para compreender o discurso que o sujeito profere em seu contexto.

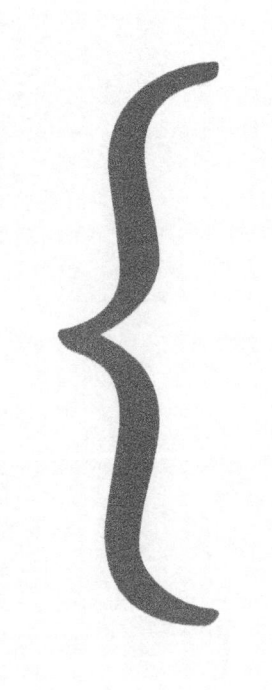

{

referências

ALVES, R. A aldeia que nunca mais foi a mesma. **Folha de S. Paulo**, São Paulo, ano 64, n. 20.135, p. 24, 19 maio 1984.

ALTHUSSER, L. **Aparelhos ideológicos de Estado**. Rio de Janeiro: Graal, 1983.

ARCOVERDE, M. D. de L.; ARCOVERDE, R. D. de L. Recursos de textualidade: a coesão textual. In: ARCOVERDE, M. D. de L.; ARCOVERDE, R. D. de L. **Leitura, interpretação e produção textual**. Campina Grande/Natal: UEPB; UFRN, 2007. Aula 11. Material de aula. Disponível em: <http://www.ead.uepb.edu.br/ava/arquivos/cursos/geografia/leitura_interpretacao_e_producao_de_textos/Le_PT_A11_J_1_.pdf>. Acesso em: 24 abr. 2017.

AZEVEDO, K. E. R. de. **Mecanismos de conexão sequencial**. 10 mar. 2006. Disponível em: <http://www.cezar.azevedo.nom.br/texto.php?tipo=miscelania&id=452>. Acesso em: 24 abr. 2017.

AUSTIN, J. L. **Quando dizer é fazer**. Porto Alegre: Artes Médicas, 1990.

BAKHTIN, M. Estética da criação verbal. São Paulo: M. Fontes, 1992a.

_____. Marxismo e filosofia da linguagem. São Paulo: Hucitec, 1992b.

BAKHTIN, M. Problemas da poética de Dostoiévski. Tradução de Paulo Bezerra. Rio de Janeiro: Forense Universitária, 1981.

_____. Os gêneros do discurso. In: _____. Estética da criação verbal. 3. ed. Tradução de Maria Ermantina Galvão. São Paulo: M. Fontes, 2000.

BÁRBARA, L. Apresentação. Cadernos PUC, São Paulo, p. 5-7, 1983.

BARROS, D. L. P. de. Contribuições de Bakhtin às teorias do texto e do discurso. In: FARACO, C. A.; TEZZA, C.; CASTRO, G. (Org.). Diálogos com Bakhtin. Curitiba: Ed. da UFPR, 1996. p. 21-42.

_____. Dialogismo, polifonia e enunciação. In: BARROS, D. L. P. de; FIORIN, J. L. (Org.). Dialogismo, polifonia, intertextualidade. 2. ed. São Paulo: Edusp, 2003.

BARROS, D. L. P. de; FIORIN, J. L. (Org.). Dialogismo, polifonia, intertextualidade. São Paulo: Edusp, 1994. (Ensaios de Cultura, v. 7).

BEAUGRANDE, R. de; DRESSLER, W. Introduction to Text Linguistics. London: Longman, 1981.

BENVENISTE, É. Natureza do signo linguístico. Campinas: Pontes, 1995.

_____. Problemas de linguística geral. São Paulo: Pontes, 1988. v. 1.

_____. Problemas de linguística geral. São Paulo: Pontes, 1989. v. 2.

BLOOMFIELD, L. Language. New York: Henry Holt, 1933.

_____. Um conjunto de postulados para a ciência da linguagem. In: DASCAL, M. (Org.). Fundamentos metodológicos da linguística: concepções gerais da teoria linguística. Campinas: Ed. da Unicamp, 1978. p. 45-60.

BRANDÃO, H. N. Introdução à análise do discurso. Campinas: Ed. da Unicamp, 1995.

BROWN, G.; YULE, G. Discourse Analysis. Cambridge: Cambridge University Press, 1983.

CABRAL, S. R. S.; BARBARA, L. Processos verbais no discurso jornalístico: frequência e organização da mensagem. **Delta**, São Paulo, v. 28, p. 581-603, 2012. Edição especial. Disponível em: <http://www.scielo.br/scielo.php?script=sci_arttext&pid=S0102-44502012000300008>. Acesso em: 24 abr. 2017.

CANDLIN, C. Notes for a Definition of Applied Linguistics in the 21st Century. **Aila Review**, n. 14, p. 76-80, 2001. Disponível em: <http://www.aila.info/download/publications/review/AILA14.pdf>. Acesso em: 24 abr. 2017.

CANTALICE, L. M. de; OLIVEIRA, K. L. de. Estratégias de leitura e compreensão textual em universitários. **Psicologia Escolar e Educacional**, Campinas, v. 13, n. 2, p. 227-234, jul./dez. 2009. Disponível em: <http://www.scielo.br/scielo.php?script=sci_arttext&pid=S1413-85572009000200004>. Acesso em: 24 abr. 2017.

CARVALHO, C. de. **Saussure e a língua portuguesa**. Disponível em: <http://www.filologia.org.br/viisenefil/09.htm>. Acesso em: 24 abr. 2017.

CAVALCANTI, M. C. Applied Linguistics: Brazilian Perspectives. **Aila Review**, n. 17, p. 23-30, 2004.

_____. A propósito da linguística aplicada. **Trabalhos em Linguística Aplicada**, v. 7, p. 5-12, 1986.

CELANI, M. A. A. A relevância da linguística aplicada na formação de uma política educacional brasileira. In: FORTKAMP, M. B. M.; TOMITCH, L. M. B. (Org.). **Aspectos da linguística aplicada**. Florianópolis: Insular, 2000. p. 17-32.

CERVONI, J. **A enunciação**. São Paulo: Ática, 1989.

CESUMAR – Centro Universitário de Maringá. **Proleu**: Programa de Leitura Universitária – fundamentação teórica. Disponível em: <http://www.cesumar.br/deg/proleu/fundamentacao.php>. Acesso em: 17 out. 2012.

CHAROLLES, M. Cohésion, cohérence et pertinence du discours. **Travaux de Linguistique**, n. 29, p. 125-151, 1995.

CHOMSKY, N. **Linguagem e pensamento**. Petrópolis: Vozes, 1971.

CLARK, K.; HOLQUIST, M. **Mikhail Bakhtin**. São Paulo: Perspectiva, 1998.

COOK, G. **Applied Linguistics**. [S.l.]: Oxford University Press, 2003.

CORACINI, M. J. (Org.) **O jogo discursivo na aula de leitura: língua materna e língua estrangeira**. Campinas: Pontes, 1995.

_____. **Um fazer persuasivo: o discurso subjetivo da ciência**. Campinas: Pontes, 1991.

COSTA, A. R. da. Importância dos mecanismos de textualização e enunciativos para a coerência textual. **Rios Eletrônica**, ano 7, n. 7, dez. 2013. Disponível em: <http://www.fasete.edu.br/revistarios/media/revistas/2013/importancia_dos_mecanismos_de_textualizacao_e_enunciativos_para_a_coerencia_textual.pdf>. Acesso em: 24 abr. 2017.

COUTINHO, M. A. Dos géneros de texto à gramática. **Delta**, São Paulo, v. 28, n. 1, p. 27-50, 2012. Disponível em: <http://www.scielo.br/scielo.php?script=sci_arttext&pid=S0102-44502012000100002>. Acesso em: 24 abr. 2017.

DALTOÉ, A. da S. As metarregras de coerência de Michel Charolles: relações de vizinhança com outros campos do saber? In: COLÓQUIO INTERNACIONAL DE ESTUDOS LINGUÍSTICOS E LITERÁRIOS, 1., 2010, Maringá. **Anais...** Maringá: [s.n.], 2010.

DIAS, G. **Poesia**. 9. ed. Rio de Janeiro: Agir, 1979.

DUBOIS, J. et al. **Dicionário de linguística**. São Paulo: Cultrix, 1993.

DUKE, N. K.; PEARSON, P. D. Effective Practices for Developing Reading Comprehension. In: FARSTRUP, A. E.; SAMUELS, S. J. (Ed.). What

Research Has to Say About Reading Instruction. 3. ed. Newark: International Reading Association, 2002. p. 205-242.

FAIRCLOUGH, N. Critical Discourse Analysis. Iaet, [S.l.], v. 7, jul. 2012. Disponível em: <http://scholarism.net/FullText/2012071.pdf>. Acesso: 24 abr. 2017.

FÁVERO, L. L. **Coesão e coerência textuais**. São Paulo: Ática, 1991. (Série Princípios).

_____. _____. 2. ed. São Paulo: Ática, 2007. (Série Princípios).

_____. Intencionalidade e aceitabilidade como critério de textualidade. In: FÁVERO, L. L.; PASCHOAL, M. S. Z. (Org.). **Linguística textual:** texto e leitura. São Paulo: Educ, 1985. p. 31-37.

_____. Rediscutindo a coesão e a coerência. In: SEMINÁRIO DO GEL, 36., 1989, Lorena. Anais... Lorena: GEL, 1989.

FÁVERO, L. L.; KOCH, I. G. V. Critérios de textualidade. **Veredas**, São Paulo, v. 104, p. 17-34, 1985.

FERNANDES, M. A. de M. **A inserção e os tempos verbais no português falado**. 197 f. Tese (Doutorado em Letras) – Universidade Estadual Paulista, Araraquara, 2006.

FERREIRA, L. C. **Polifonia no texto publicitário:** análise da Bombril. 37 f. Monografia (Graduação em Comunicação Social) – Centro Universitário de Brasília, Brasília, 2008. Disponível em: <http://www.repositorio.uniceub.br/bitstream/123456789/1839/2/20366609.pdf>. Acesso em: 24 abr. 2017.

FIORIN, J. L. **Introdução ao pensamento de Bakhtin**. São Paulo: Ática, 2006.

FIORIN, J. L.; FLORES, V. do N.; BARBISAN; L. B. (Org.). **Saussure:** a invenção da linguística. São Paulo: Contexto, 2013.

FLORES, V. do N. Dialogismo e enunciação: elementos para uma epistemologia da linguística. **Linguagem & Ensino**, v. 1, n. 1, p. 3-32, 1998. Disponível em: <http://www.rle.ucpel.tche.br/index.php/rle/article/view/48/26>. Acesso em: 24 abr. 2017.

_____. Sujeito da enunciação: singularidade que advém da sintaxe da enunciação. **Delta**, São Paulo, v. 29, n. 1, p. 95-120, 2013. Disponível em: <http://www.scielo.br/pdf/delta/v29n1/05.pdf>. Acesso em: 24 abr. 2017.

FOUCAMBERT, J. **A leitura em questão**. Tradução de Bruno Charles Magne. Porto Alegre: Artes Médicas, 1994.

FOUCAULT, M. **A arqueologia do saber**. 6. ed. Rio de Janeiro: Forense Universitária, 2002.

_____. **As palavras e as coisas**. São Paulo: M. Fontes, 1987.

GALEMBECK, P. de T. **A linguística textual e seus mais recentes avanços**. In: CONGRESSO NACIONAL DE LINGUÍSTICA E FILOLOGIA, 9., 2005, Rio de Janeiro. Anais... Rio de Janeiro: Cadernos do CNLF, v. 9, n. 5, 2005. Disponível em: <http://www.filologia.org.br/ixcnlf/5/06.htm>. Acesso em: 24 abr. 2017.

GERMAIN, C. **Evolution de l'enseignement des langues**: 5000 ans d'histoire. Paris: Clé International, 1993. (Collection Didactique des Langues Étrangères).

GOMES, N. M. T. Em busca de um conceito de língua em teorias da enunciação. **Letras de Hoje**, Porto Alegre, v. 39, n. 4, p. 137-150, dez. 2004. Disponível em: <http://revistaseletronicas.pucrs.br/face/ojs/index.php/fale/article/view/13800/9141>. Acesso em: 24 abr. 2017.

HALLIDAY, M. A. K.; HASAN, R. **Cohesion in English**. London: Longman, 1973.

HARRIS, Z. S. Discourse Analysis. **Language**, Woodland Hills, v. 28, n. 1, p. 474-494, 1952.

JAKOBSON, R. Linguística e comunicação. São Paulo: Cultrix, 1974.

_____. Linguística e comunicação. 2. ed. São Paulo: Cultrix, 2005.

JUNQUEIRA, F. G. C. O papel dos enunciados de exercícios de gramática na construção de conhecimento sobre a língua materna. In: CONGRESSO NACIONAL DE LINGUÍSTICA E FILOLOGIA, 9., 2005, Rio de Janeiro. Anais... Rio de Janeiro: Cadernos do CNFL, v. 9, n. 9, 2005. Disponível em: <http://www.filologia.org.br/ixcnlf/9/12.htm>. Acesso em: 26 abr. 2017.

KATO, M. O aprendizado da leitura. 5. ed. São Paulo: M. Fontes, 1999.

KENEDY, E. Gerativismo. In: MARTELOTTA, M. E. (Org.). Manual de linguística. São Paulo: Contexto, 2008. p. 127-140.

KLEIMAN, A. Leitura: ensino e pesquisa. Campinas: Pontes, 1989a.

_____. Oficina de leitura: teoria e prática. 7. ed. Campinas: Pontes, 2000.

_____. Texto e leitor: aspectos cognitivos da leitura. Campinas: Pontes, 1989b.

_____. _____. 9. ed. Campinas: Pontes, 2004.

KOCH, I. V. A coesão textual. São Paulo: Contexto, 1989.

_____. _____. 22. ed. São Paulo: Contexto, 2010.

_____. A inter-ação pela linguagem. São Paulo: Contexto, 1998.

_____. Introdução à linguística textual. São Paulo: M. Fontes, 2004.

KOCH, I. V.; TRAVAGLIA, L. C. A coerência textual. 17. ed. São Paulo: Contexto, 2008.

KOPKE FILHO, H. Estratégias em compreensão da leitura: conhecimento e uso por professores de língua portuguesa. Dissertação (Mestrado em Letras) – Universidade de São Paulo, São Paulo, 2001.

KOPKE FILHO, H. Estratégias para desenvolver a metacognição e a compreensão de textos teóricos na universidade. Psicologia Escolar e Educacional, Campinas, v. 1, n. 2-3, p. 59-67, 1997. Disponível em: <http://www.scielo.br/scielo.php?pid=S1413-85571997000100007&script=sci_arttext>. Acesso em: 24 abr. 2017.

_____. Aspectos interdisciplinares nos processos da leitura e da compreensão de textos. In: WITTER, G. P. (Org.). Psicologia: tópicos gerais. Campinas: Alínea, 2002. p. 73-84.

KRISTEVA, J. História da linguagem. Lisboa: Edições 70, 1999.

LEFFA, V. J. Perspectivas no estudo da leitura: texto, leitor e interação social. In: LEFFA, V. J.; PEREIRA, A. E. (Org.). O ensino da leitura e produção textual: alternativas de renovação. Pelotas: Educat, 1999. p. 13-37.

LOPES, L. P. da M. Oficina de linguística aplicada: a natureza social e educacional dos processos de ensino/aprendizagem de línguas. Campinas: Mercado de Letras, 1996. (Coleção Letramento, Educação e Sociedade).

MAINGUENEAU, D. Análise de textos de comunicação. São Paulo: Cortez, 2005.

_____. Análise do discurso: uma entrevista com Dominique Maingueneau. ReVEL, v. 4, n. 6, mar. 2006. Entrevista. Disponível em: <http://www.revel.inf.br/files/entrevistas/revel_6_entrevista_maingueneau_port.pdf>. Acesso em: 24 abr. 2017.

_____. Novas tendências em análise do discurso. Campinas: Pontes, 1993.

_____. Pragmática para o discurso literário. São Paulo: M. Fontes, 1996.

_____. Interdiscurso. In: CHARAUDEAU, P.; MAINGUENEAU, D. (Org.). Dicionário de análise do discurso. São Paulo: Contexto, 2004. p. 286-287.

MARCUSCHI, L. A. Aspectos linguísticos, sociais e cognitivos na produção de sentido. **Revista do Gelne**, ano 1, n. 1, 1999. Disponível em: <http://media.wix.com/ugd/eceaaa_d1c12fe1f1e844c8a6cd8110d34f1ced.pdf>. Acesso em: 24 abr. 2017.

MARCUSCHI, L. A. Gêneros textuais: definição e funcionalidade. In: DIONISIO, A. P.; MACHADO, A. R.; BEZERRA, M. A. (Org.). **Gêneros textuais e ensino**. 5. ed. Rio de Janeiro: Lucerna, 2002.

MARCUSCHI, L. A. **Linguística de texto**: o que é e como se faz. Recife: Ed. da UFPE, 1983.

MARQUES, M. C. S. Vozes bakhtinianas: breve diálogo. **Primeira Versão**, Porto Velho, ano 1, n. 36, jan. 2002. Disponível em: <http://www.primeiraversao.unir.br/atigos_pdf/numero036Celeste.pdf>. Acesso em: 24 abr. 2017.

MARTELOTTA, M. E. (Org.). **Manual de linguística**. São Paulo: Contexto, 2008.

MARTINS, E. J. **Enunciação e diálogo**. Campinas: Ed. da Unicamp, 1990.

MARTINS, M. H. A formação dos professores e a leitura na escola básica. In: CONGRESSO DE LEITURA DO BRASIL, 12., 1992, Campinas. Anais... Campinas: Associação de Leitura do Brasil, 1992. p. 83-86.

MATEUS, M. H. M. et al. **Gramática da língua portuguesa**. 5. ed. rev. e ampl. Lisboa: Caminho, 1983. (Coleção Universitária. Série Linguística).

MENEZES, V.; SILVA, M. M.; GOMES, I. F. Sessenta anos de Linguística Aplicada: de onde viemos e para onde vamos. In: PEREIRA, R. C.; ROCA, P. **Linguistica aplicada**: um caminho com diferentes acessos. São Paulo: Contexto, 2009.

MOIRAND, S. **Enseigner a communiqué en langue étrangère**. Paris: Hachette, 1990.

MONTEIRO, S. L. Francês instrumental: uma proposta de abordagem do texto. 600 f. Tese (Doutorado em Letras) – Universidade de São Paulo, São Paulo, 1994.

MOURA, A. M. As relações de gênero em casais heterossexuais vivendo com HIV/Aids: análise do discurso sobre os vínculos afetivo-sexuais. 139 f. Dissertação (Mestrado em Psicologia) – Universidade Federal de Minas Gerais, Belo Horizonte, 2006. Disponível em: <http://www.biblioteca digital.ufmg.br/dspace/bitstream/1843/VCSA-7WNE8Z/1/dissertacao_mestrado_alane_2006.pdf>. Acesso em: 24 abr. 2017.

MUSSALIM, F. Análise do discurso. São Paulo: Cortez, 1991.

OLIVEIRA, M. H. M. A. de. Comportamento de leitura do estudante universitário. In: WITTER, G. P. (Org.). Leitura: textos e pesquisas. Campinas: Alínea, 1999. p. 125-139.

ORLANDI, E. P. Discurso e leitura. São Paulo: Cortez, 1988.

_____. Segmentar ou recortar? In.: _____. Linguística: questões e controvérsias. Uberaba: Fiube, 1981. p. 9-26.

OTTONI, P. John Langshaw Austin e a visão performativa da linguagem. Delta, São Paulo, v. 18, n. 1, 2002. Disponível em: <http://www.scielo.br/scielo.php?script=sci_arttext&pid=S0102-44502002000100005&lng=p t&nrm=iso&tlng=pt>. Acesso em: 24 abr. 2017.

_____. Visão performativa da linguagem. Campinas: Ed. da Unicamp, 1998.

PARRA, A. S. Os limites da semântica e da pragmática. Disponível em: <http://www.unicamp.br/iel/site/alunos/publicacoes/textos/l00003.htm>. Acesso em: 24 abr. 2017.

PÊCHEUX, M. Análise automática do discurso. Campinas: Ed. da Unicamp, 1990.

PELLEGRINI, M. C. K. Avaliação dos níveis de compreensão e atitudes frente à leitura em universitários. Dissertação (Mestrado em Letras) – Universidade São Francisco, Bragança Paulista, São Paulo, 1996.

PESSOA, F. Obra poética. Rio de Janeiro: Companhia José Aguilar, 1972.

PRATES, A. C.; PETERMANN, J. Análise da matéria jornalística "A vale na mira" sob o prisma da semiótica. In: CONGRESSO DE CIÊNCIAS DA COMUNICAÇÃO NA REGIÃO SUL, 13., 2012, Chapecó. Anais... Chapecó, v. 13, 2012. Disponível em: <http://www.intercom.org.br/papers/regionais/sul2012/resumos/R30-1253-1.pdf>. Acesso em: 24 abr. 2017.

RANGEL, E. de F. M. Uma nova concepção de linguagem a partir do percurso performativo de Austin. **Letra Magna**, ano 1, n. 1, 2004.

ROCHA, D. Cartografias em análise do discurso: rearticulando as noções de gênero e cenografia. **Delta**, São Paulo, v. 29, n. 1, p. 135-159, 2013. Disponível em: <http://www.scielo.br/scielo.php?script=sci_arttext&pid=S0102-44502013000100007>. Acesso em: 24 abr. 2017.

SABAJ, O.; GONZALEZ, C. Seis propósitos comunicativos no discurso de editores de revistas científicas. **Delta**, São Paulo, v. 29, n. 1, p. 59-78, 2013. Disponível em: <http://www.scielo.br/scielo.php?pid=S010244502013000100003&script=sci_abstract&tlng=pt>. Acesso em: 24 abr. 2017.

SANTOS, V. **Língua portuguesa. Mas que língua é essa?** Disponível em: <http://www.oocities.org/br/jfpaz71/texto12.htm>. Acesso em: 24 abr. 2017.

SAUSSURE, F. de. **Curso de linguística geral.** 27. ed. São Paulo: Cultrix, 2006.

SEIDLHOFER, B. (Ed.). **Controversies in Applied Linguistics.** Oxford: Oxford University Press, 2003.

SILVA, A. P. P. de F. e. 0,5 mm: a nova edição brasileira de Problemas da poética de Dostoiévski. **Bakhtiniana**, São Paulo, v. 6, n. 1, ago./dez. 2011.

Disponível em: <http://www.scielo.br/scielo.php?pid=S21764573201100 0200002&script=sci_arttext>. Acesso em: 24 abr. 2017.

SILVA, K. A. da. Crenças sobre o ensino e aprendizagem de línguas na linguística aplicada: um panorama histórico dos estudos realizados no contexto brasileiro. **Linguagem & Ensino**, v. 10, n. 1, p. 48-62, jan./jun. 2007.

SILVA, S. D. J. da. Marcas ideológicas presentes na comunicação no ensino de português a estrangeiros. **e-Com**, Belo Horizonte, v. 1, n. 1, p. 1-12. 2007. Disponível em: <http://revistas.unibh.br/index.php/ecom/article/download/491/280>. Acesso em: 24 abr. 2017.

SILVA, W. R. da. Proposta de análise textual-discursiva do gênero relatório de estágio supervisionado. **Delta**, São Paulo, v. 28, n. 2, p. 281-305, 2012. Disponível em: <http://www.scielo.br/scielo.php?script=sci_arttext&pid=S0102-44502012000200004>. Acesso em: 24 abr. 2017.

SILVA, T. J.; MATSUDA, P. K. (Ed.). **Landmark Essays on ESL Writing**. New Jersey: Lawrence Erlbaum Associates, 2001.

SINGER, H.; DONLAN, D. Theoretical Models and Processes of Reading. In: RUDDELL, R. B.; RUDDELL, M. R.; SINGER, H. (Ed.). **Problem-Solving Schema with Question Generation for Comprehension of Complex Short Stories**. Newark: IRA, 1982. p. 166-186.

SKINNER, B. F. O comportamento verbal. São Paulo: Cultrix, 1978.

SPACK, R. Initiating ESL students into the Academic Discourse Community: How Far Should We Go? In: SILVA, T. J.; MATSUDA, P. K. (Ed.). **Landmark Essays on ESL Writing**. New Jersey: Lawrence Erlbaum Associates, 2001. p. 29-51.

SPRENGER-CHAROLLES, L. Le résumé de texte. Pratiques, Paris, n. 26, p. 59-90, 1980.

TANNEN, D. (Ed.). Coherence in Spoken and Written Discourse. New Jersey: Ablex, 1984.

_____. What's in a frame? Surface evidence for underlying expectations. New directions in discourse processing. New Jersey: Norwood, 1979.

TESOUROS da cozinha tradicional portuguesa. Portugal: E. Porto, 1984.

WEINRICH, H. Les temps: le récit et le commentaire. Paris: Seuil, 1978.

WITTER, G. P. (Org.). Leitura: textos e pesquisas. Campinas: Alínea, 1999.

_____. Psicologia: tópicos gerais. Campinas: Alínea, 2002.

WOODS, D. Teacher cognition in language teaching: beliefs, decision-making and classroom practice. Cambridge: Cambridge University Press, 1996.

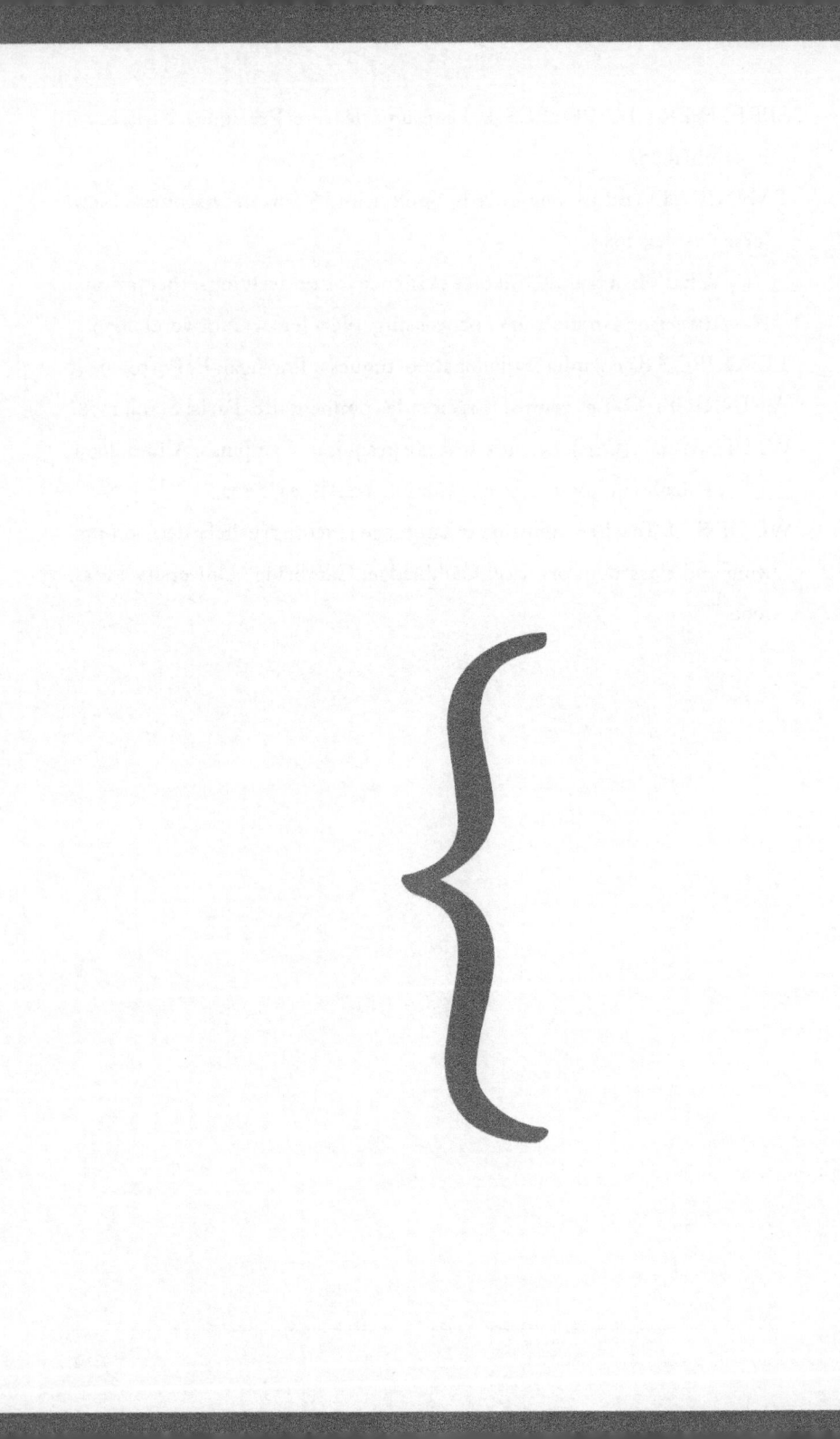

{

bibliografia comentada

AUSTIN, J. L. **Quando dizer é fazer**. Porto Alegre: Artes Médicas, 1990.

Nessa obra, Austin apresenta sua teoria sobre a linguagem, na qual todas as ações são expressas por meio de atos de fala. O teórico britânico apresenta também a distinção entre enunciados constatativos e performativos, sendo o primeiro constituído de afirmações, e o segundo, aquele que leva à realização de uma ação.

BENVENISTE, É. **Problemas de linguística geral**. São Paulo: Pontes, 1989. v. 2.

Nessa obra, Benveniste apresenta estudos que têm como objetivo demonstrar que indivíduos, sociedade e língua não se dissociam. Para o teórico, o indivíduo faz uso da língua para se comunicar e propiciar aos seus iguais o conhecimento de todas as formas de manifestação da sociedade que unem o indivíduo ao seu meio.

CARVALHO, C. de. **Saussure e a língua portuguesa.** Disponível em: <http://www.filologia.org.br/viisenefil/09.htm>. Acesso em: 24 abr. 2017.

Nesse texto, Castelar de Carvalho trata de dicotomias presentes na obra de Saussure – como significado e significante, língua e fala, sincronia e diacronia, sintagma e paradigma – e aborda a noção de valor.

CERVONI, J. **A enunciação.** São Paulo: Ática, 1989.

Esse artigo tem como objeto de estudo a análise da enunciação na comunicação e da interação entre os indivíduos utilizada pelo jornalismo. O autor analisa, por exemplo, a forma como a notícia se dá e de que elementos ela é formada. Participam desse ato pequenas pinceladas de realidade, de fatos etc. O autor aborda também a peculiaridade do discurso jornalístico que utiliza outras vozes (polifonia) em seu texto, seja para se isentar de responsabilidades sobre o dito, seja para dar mais autenticidade ao seu texto.

CLARK, K.; HOLQUIST, M. **Mikhail Bakhtin.** São Paulo: Perspectiva, 1998.

Os autores procedem a um estudo sobre o pensamento de Bakhtin aliado a um ramo da religião ortodoxa russa e à filosofia de Kant. Clark e Holquist discutem conceitos bakhtinianos fundamentais como os gêneros discursivos e o papel que desempenham na linguagem. Tratam da ação e do fazer à luz da ética, um dos cernes da obra de Bakhtin. Os autores destacam que a ética deve subjazer a todo processo de criação.

JAKOBSON, R. **Linguística e comunicação.** 2. ed. São Paulo: Cultrix, 2005.

Volume organizado e prefaciado pelo Prof. Izidoro Blikstein, da Universidade de São Paulo, apresenta uma seleção de textos básicos de Roman Jakobson.

KRISTEVA, J. **História da linguagem.** Lisboa: Edições 70, 1999.

Nessa obra, Kristeva contextualiza historicamente a semiótica, a linguística e a crítica textual. A autora apresenta concepções de língua diversas, aborda a linguística como ciência e os instrumentos disponíveis que dão conta do funcionamento da língua, da fala e do discurso.

MARTINS, E. J. **Enunciação e diálogo.** Campinas: Ed. da Unicamp, 1990.

Martins estuda uma situação de comunicação entre professor e aluno e avalia que à medida que se estabelece uma relação de confiança entre ambos a qualidade da comunicação progride para um nível intersubjetivo. Esse tipo de relação, no que diz respeito à enunciação, apresenta visivelmente melhores resultados em outras atividades de ensino-aprendizagem.

OTTONI, P. **Visão performativa da linguagem.** Campinas: Ed. da Unicamp, 1998.

Esse livro apresenta uma análise dos mais importantes desdobramentos da performatividade da linguagem, destacando-se as objeções de Benveniste a Austin e a famosa polêmica Searle × Derrida, com todos os mal-entendidos que envolvem e que revelam as diferenças profundas de visão de ciência e de filosofia em jogo.

PALACIOS, A. da R. J. Categorias de tempo em Émile Benveniste e pressupostos discursivos da publicidade contemporânea em anúncios de cosméticos. Disponível em: <http://bocc.ubi.pt/pag/palacios-annamaria-categorias-temporais-benvenistianas.html>. Acesso em: 2 maio 2017.

Nesse texto, Palacios faz uma retrospectiva das três categorias de tempo desenvolvidas por Benveniste e uma aplicação prática dos conceitos em anúncios pertencentes à publicidade contemporânea.

SAUSSURE, F. de. Curso de linguística geral. São Paulo: Cultrix, 1969.

A obra Curso de linguística geral, que influenciou as ciências humanas como um todo, constitui ainda hoje a base dos estudos linguísticos modernos, para os quais tem uma importância incalculável.

respostas

um
Atividades de autoavaliação
1. c
2. e
3. c
4. e
5. a

dois
Atividades de autoavaliação
1. c
2. b
3. a
4. b
5. c

três
Atividades de autoavaliação
1. d
2. c
3. d
4. c
5. b

quatro
Atividades de autoavaliação
1. c
2. a
3. b
4. c
5. e

cinco
Atividades de autoavaliação
1. b
2. a
3. b
4. d
5. d

seis
Atividades de autoavaliação
1. c
2. b
3. d
4. e
5. a

sobre a autora

❰ SANDRA LOPES MONTEIRO é graduada em Letras Português-Francês (1974) e especialista em Formação de Professores em Educação a Distância (2000) pela Universidade Federal do Paraná (UFPR), mestra em Letras Modernas (1978) pela Université Paul-Valéry Montpellier (UPVM), na França, e doutora em Semiótica e Linguística Geral (1994) pela Universidade de São Paulo (USP).

Docente no Departamento de Letras Estrangeiras Modernas da UFPR, tem experiência na área de linguística, com ênfase em teorias de aquisição de segunda língua, atuando principalmente nos seguintes temas: leitura compreensiva, linguística textual, análise do discurso e aquisição de segunda língua. Seus interesses de pesquisa incluem estudos em análise de discurso de linha francesa, linguística textual, formação de professores e ensino de línguas estrangeiras modernas.

Os papéis utilizados neste livro, certificados por instituições ambientais competentes, são recicláveis, provenientes de fontes renováveis e, portanto, um meio responsável e natural de informação e conhecimento.

FSC
www.fsc.org
MISTO
Papel produzido a partir de fontes responsáveis
FSC® C103535

Impressão: Reproset
Abril/2023